湖南科技大学商学院
湖南省高校科技创新团队
湖南科技大学"两型"社会改革建设协同创新中心

看故事学经济

唐志军　谌莹　著

人民出版社

走下圣坛的经济学

王玉霞

　　经济学是善事的利器，在诸多社会科学中，它以完整的思维体系、逻辑一致的分析框架、比较强的解释及推测能力而著称。经济学说到底是选择的科学，市场经济给予个人比较充分的选择自由，命运可以掌握在自己的手中。然而，有了选择的自由，却缺乏选择的经验及知识，这自由有不如无。因此，传播、普及经济学常识，是经济学者的重要使命。经济学最重要的不是复杂的模型和繁琐的理论，它们影响了经济学的普及。影响我们选择的是经济学思维，它完全可以通过生动的故事、通俗的语言来诠释。唐志军的《看故事学经济》就是很好的尝试。

　　唐志军是我的学生，从他本科期间旁听我的经济学课程，到师从我攻读经济学博士学位，十几年的青葱岁月，我亲眼看到他从一个非经济学专业的本科生成为一位颇有建树的经济学教师。亲眼看到他怎么通过不懈的努力，运用知识改变了命运。从教30年，我可以说是阅人无数。我所培养的学生中非常聪明、非常勤奋的都不是个别。唐志军的突出是非常的聪明匹配上非常的勤奋。这使他在诸多的师兄弟中脱颖而出，也使我格外地欣赏与喜爱。攻读博士期间他以每星期读两本书，每个月

写两三篇上万字的论文的速度让我既惊诧又心疼。"难道这孩子不睡觉？"要知道攻读博士期间他所在的学校停了他的工资。妻子怀孕生子，父母有病待医，他是在肩负着养家糊口的重任下完成了上述的任务。这个个子不高、身体瘦弱，从湖南永州走出来的农家子弟释放出的能量令人望而惊叹。

博士毕业后，虽然有机会留在东北财经大学任教，但考虑各种因素，他选择了湖南科技大学。之后，他不断地用丰硕的科研成果回报他的老师。评职称、出论文、写专栏、报课题，仅原创性很强的专著就写了三部，从教4年时间他完成的科研成果是相当多的。作为70后，勤奋如此更是罕见。

说到这本《看故事学经济》，有三个特点：其一是他利用经济学理论解读了一系列的历史典故。让读者能在耳熟能详的"指鹿为马"、"破釜沉舟"、"鱼目混珠"等故事中学到经济学知识，让古老的故事有了崭新的启迪。其二是他对影响民生、影响社会和谐的现实社会经济问题进行了比较深刻的剖析。能够通过大大小小真实世界的现象，挖掘出内在的社会根源，凸显出理论的力量。例如，大到货币超发、中国式的春节、跨国公司的"变坏"，小到汽车客运站的价格歧视、超市中的收费模式，均有上述的特点。其三是他将毕业后重点研究的权力问题凝结在这本书中。无论是古代的故事，"'文种之死'的专权逻辑"、"'蒋纬国挨打'的权力本性"，还是发生在近日中国的"'偷逃过路费'的特权影子"、"'万元公积金'的灰色收入"等，都能看出唐志军在权力领域研究的成果及功力。

最后，我请读者理解作为老师难免对自己学生的偏爱，静静地读这本书吧。我相信它能给你许多启发，让你在阅读中增长智慧，品味思考的力量。

自　序

在我们的阅读和生活中，常常会碰到一些故事。这些故事妙趣横生，却也让我们难以理解：为什么会发生这样的事情？故事中的当事人为什么会作出如此选择和行为呢？我们该如何透析故事背后的哲理呢？

是的，故事的背后是理性和逻辑。然而，你只有掌握了可行的分析工具和具备了一定的理论素养，才能明白为何会发生这样或那样的故事。

作为社会科学领域的皇冠，经济学可以告诉你很多故事背后的玄妙所在。经济学与人们的生产和生活紧密相关，是一门来自真实世界的科学，是一种能帮助人们透析历史和现实故事的工具。它通过对人类行为的理性、系统性思考，告诉大家，当事人决策、选择和行为即故事背后的逻辑是什么，故事里的人为什么会作出这样或那样的行为（选择）。

《看故事学经济》一书，正是基于人们的迷惑，通过摘取历史和现实中的典型故事，用故事阐释经济学的道理，用经济学的逻辑来解释故事，以经济学的知识为大家解读、阐释故事里所潜藏的奥秘，通过有趣的故事与经济学的有机结合，让你在明白故事背后的逻辑的同时，也掌握经济学的相关概念、切入视角、分析方法和运用之妙，从而为你在理解历史典故和现

实事件时开启一扇智慧之窗，做到通达古今、学以致用。通过阅读本书，你将洞悉以下问题：为什么人们会"敝帚自珍"？为什么许多人有着"先入为主"的情怀？为什么人们强调"门当户对"？为什么会出现"狐假虎威"？为什么聪明如牛顿者也会在股市里被套？为什么伯乐一相马便马价千倍？为什么二桃却能杀死三士？为什么人们会"投其所好"？为什么历史上会落下"烽火戏诸侯"的悲剧？为什么南郭先生能做到"滥竽充数"？为什么项羽能依仗"破釜沉舟"来扭转败局？为什么会发生"指鹿为马"之事？为什么劳苦功高的文种会被越王勾践杀害？为什么蒋纬国会挨打？为什么大多数人很难做到"忠心耿耿"？为什么某些时候"眼高手低"不是坏事？为什么中国会有那么兴盛繁荣的"枪手市场"？为什么大学的围墙会被人拆掉？为什么超市里会有不同的计价收费制度？为什么有些人宁可死在编制里也不愿出去闯荡市场寻找更好的机会？为什么跨国公司一到中国就变坏？为什么说"三一迁都"对中国经济来说不是好事？……

　　笔者相信，书中所涉及的经济学概念、理论及其缜密、理性的逻辑思考方法，将会使你享受到经济学作为一种分析工具的力与美、优雅与纯粹；同时也将有助于你更准确地把握历史典故和现实故事所包含的人生哲理。当然，也请你在阅读中对本书的不足之处进行包容和批评指正！

目 录

CONTENTS

第 一 篇

历史典故的经济学解读

一、历史典故里的经济学效应

1. "敝帚自珍"的禀赋效应

公元 25 年，东汉开国皇帝光武帝刘秀经过多年征战，建立起自己的统治政权，定都洛阳，史称东汉。此时，各地还有许多豪强割据一方，称王称霸。其中，一个叫公孙述的，就依仗着四川险要地势，在成都自立为帝，国号"成家"。随着全国的逐渐统一，刘秀数次遣使前去劝公孙述归顺东汉，但公孙述怒而不从。建武十一年（公元 35 年），东汉朝廷派兵征讨，被公孙述所拒。公元 36 年，刘秀又命大司马吴汉前去讨伐公孙述，武威将军刘禹为其副将。

在东汉的强大攻势下，公孙述节节败退。吴汉率兵逼近成都。此后，双方在广都至成都之间展开殊死搏斗，互有胜负。公元 36 年 11月，公孙述亲率数万人，出成都城与吴汉大战。两军连战数日，公孙述兵败逃走，最后被汉军追上，刺穿胸部坠落马下，当夜死去。第二天，公孙述手下见大势已去，弃城投降。汉军副将刘禹率兵进入城内，将公孙述的妻子家人全部杀死，并割下公孙述的头颅，派人飞马送往洛阳。与此同时，他还纵兵大掠，四处焚烧。

这一消息传至京城，刘秀大为震怒，特别下诏谴责刘禹："这座城池已经投降了，满城老妇、孩子还有数万人，一旦纵兵进行放火乱杀，谁听了都会心酸气愤。通常之人，即使家里有一把破扫帚，也十分珍惜，可你却这样不爱护子民的生命财产！你怎么这样残暴，竟忍心作出如此的行为？"随即，刘秀下诏撤了刘禹的职务，并对主将吴汉给予严厉批评。

　　为什么刘秀会谴责刘禹的残暴行为呢？我想，一方面，刘秀懂得保障百姓财产和生命安全对于统治的重要性；另一方面，刘秀也深谙"敝帚自珍"背后所反映的经济学原理对人们行为的重要作用。是的，在经济学世界里，"敝帚自珍"反映了一个重要的经济学理论，即"禀赋效应"（Endowment Effect）理论。

　　传统经济理论认为，人们为获得某商品愿意付出的价格和失去已经拥有的同样的商品所要求的补偿之间，是没有什么区别的，即自己作为买者或卖者的身份不会影响自己对商品的价值评估，但禀赋效应理论否认了这一观点。禀赋效应是指当一个人一旦拥有某项物品，那么他对该物品价值的评价要比未拥有之前大大增加。

　　它是由泰勒（Taylor）在1980年提出的。泰勒教授是行为经济学的一位重要开创者。他曾经找了一些加拿大的学生做过这样一个实验：

　　第一组：泰勒教授准备了几十个印有校名和校徽的马克杯，这种马克杯在学校超市的零售价是5元，在拿到第一个教室之前，教授已经把标价签撕掉了。泰勒来到课堂上，问学生愿意花多少钱买这个杯子（给出了0.5元到9.5元之间的选择）。

　　第二组：泰勒教授来到第二个教室，但这次他一进教室就送给每个学生同样这样一个杯子。过了一会儿教授说由于学校今天组织活动开大会，杯子不够，需收回一些。老师让每人写出自己愿意以什么价格卖出这个杯子（给出了0.5元到9.5元之间的选择）。

　　实验结果显示，在第一组中，学生平均愿意用3元钱的价格去买一个带校徽的杯子；而到了第二组，当需要学生将已经拥有的杯子出售时，出价陡然增加到7元钱。

　　实验表明：相对于获得，人们非常不乐意放弃已经属于他们的东西。因此，泰勒把这种现象称为"禀赋效应"。

　　而汉马克（Hammaek）和布朗（Brown）在1974年曾发现，捕猎野鸭者愿意平均每人支付 247 美元的费用，以维持适合野鸭生存的湿地环境，但若要他们放弃在这块湿地捕猎野鸭，他们要求的赔偿却高达平均每人 1044 美元。因此，禀赋效应的存在会导致买卖双方的心理价格出现偏差，从而影响市场效率。

那么，是什么造成了禀赋效应呢？是人们高估了他们所拥有的东西的价值，还是失去自己拥有的东西会带来痛苦？

再看行为经济学家所做的另一个实验吧。

这个实验首先要求学生们对 6 种赠品的吸引力进行排序，然后将一种不太有吸引力的赠品——一支钢笔发给了班上一半的学生，另一半的学生可以选择一支钢笔或者两块巧克力。此时，只有 24% 的学生选择了钢笔。

接下来，早先得到钢笔的学生如果愿意的话，可以将钢笔换成巧克力。尽管大多数学生将钢笔的吸引力排在巧克力之后，56% 早先得到钢笔的学生并没有选择将钢笔换成巧克力。

这个实验表明，人们似乎并没有高估自己所拥有的东西的价值，可能性更大的是，放弃自己的东西所产生的痛苦影响了人们的行为。也就是说，"禀赋效应"来自于"损失厌恶"。

那么，什么是"损失厌恶"呢？

"损失厌恶"指的是，在人们的心理层面，一定量的损失给人们带来的效用降低，要多过相同的收益给人们带来的效用增加。即人们在决策过程中，对利害的权衡是不均衡的，对"避害"的考虑远大于对"趋利"的考虑。因此，出于对损失的畏惧，人们在出卖商品时往往索要过高的价格。也就是说，禀赋效应是"损失厌恶"的一种表现形式。

在现实生活中，我们似乎随处都可以看到"禀赋效应"的影子：

一些商家会利用禀赋效应，通过提供产品的"试用期"来套牢顾客。比如顾客可以先免费试用该产品 15 天，试用期满后如果顾客

愿意可以选择退回该产品。然而，到那时该产品已经像是家中财产的一部分了，禀赋效应使得人们不愿意归还而更愿意购买该产品。

滤水器公司会采用同样的方法，由销售人员提供自来水过滤器，借你用半个月。你一旦用惯了纯净水，就不会愿意再喝带漂白粉味的茶或咖啡。

汽车行也会借车给那些有购车能力者试驾，这样做是希望你一旦尝试了来自邻居艳羡的眼光、朋友的赞誉的滋味后，就不愿意再送还这辆汽车。当然，除非你有更中意的车型。

聪明的宠物店店主也会利用禀赋效应来进行营销。比如说，某一天，你带着孩子们去逛街，路过宠物店，孩子们围着小狗不忍离去。店主和你认识，他慷慨地对你说："把它带回家去过周末吧。如果它跟你们合不来或者你们不喜欢它了，星期一早上再把它送回来就行。"此时，你们如何能抵挡这样的诱惑！这两天真是快乐无比。大家争着去遛狗，看见小狗憨态可掬就哈哈大笑，它整晚嚎叫也会有人为它开脱："哎，它还是一只小狗呢。"可是，周末过后，你们在不知不觉中发觉，这只狗已属于你们了。想还给店主的念头，被离别的痛苦战胜了。于是，你只好很"大度"地买下了这只可爱的小狗——店主的营销也就因"禀赋效应"而得逞了！

当然，禀赋效应不仅在商业中被广泛利用。它在产权界定和政策制定中也有着重要作用。

科斯定理指出，只要交易成本为零，产权无论界定给谁都不会影响经济运行的效率。而当交易成本大于零时，产权的初始界定就变得很重要了。

不过，现代行为经济学的研究表明，即便交易成本为零，只要存在禀赋效应，产权的初始配置也会影响到资源的配置效率。这是因为，由于禀赋效应的存在，资源配置就会比科斯预测的更有"黏性"，更难以通过市场的自愿交易机制来实现资源在不同用途上或不同产权主体间的交易。此时，资源配置就不会像科斯定理所期待的那样实现最优，产权的最终分配结果将依赖于其初始的分配状态。

就这一点而言，禀赋效应要求政府在制定政策时，充分考虑产权的配置历史、人们的习惯，从而调整其改革的步伐和举措。

由于禀赋效应，人们很容易产生"安于现状情结"，他们会害怕改变带来可能的损失。当社会制度变革时，那些可能利益受损的群体，为了避免损失带来的痛苦，必定会不惜付出很大的代价来维持原有的制度。因此，政府应对改革的艰苦和其中遇到的阻碍力量要有充分的估计；同时，不仅应耐心地劝导那些改革受损者，也要对其进行充分的补偿，以换取他们对改革的支持。

比如，对于财产拥有者而言，禀赋效应会使他们格外珍视自己的住宅，赋予其人格化含义，在拆迁时，索要巨额赔偿金。这就导致对房屋的征拆会变得十分困难：拆迁居民往往会觉得政府提供的补偿太少，而政府又会认为所补偿的已远远超过房屋的再建造成本。

再如，在城市化过程中，一些已经进了城的农民工，即便他们在城市拥有一份稳定的工作，有着一份可观的收入，政府也愿意给他们解决子女就学、住房和养老等方面的问题，但他们还是不愿意留在城市，变成真正的市民。这其中，就有一个禀赋效应的影响——他们迷恋着在农村的土地、住房和生活习惯！

……

2. "先入为主"的锚定效应

汉哀帝的时候，宫里有一个宠臣，名字叫息夫躬，他为争取更大的权势，极力想除掉和他关系紧张的大司马董贤。他想出了一条毒计。

那时匈奴每年都要到汉朝进贡。可是息夫躬派人对匈奴说："皇帝的事务十分繁忙，你们就不用来朝见了。"匈奴单于听了，觉得息夫躬是汉哀帝身边的近臣，说的话应该可信，也就乐得清闲，没有来朝见。这时，息夫躬又对汉哀帝说："匈奴今年竟敢不来进贡，如果您不出兵征讨他们的话，那四方小国就会群起效仿，后果会很严重啊。"

汉哀帝赶快召集众大臣，商讨出兵征讨匈奴的事。朝中的丞相王嘉对息夫躬这种恃宠乱政的行为极为愤怒，他对汉哀帝说："现在并没有确实的证据可以证明匈奴人要造反，陛下不可轻信。"接着他又说道，"希望陛下能吸取古代君主的经验教训，反复参考各方意见，而不要先听到谁的意见，就以谁的意见为主。"（原文是："唯陛下观览古今，反复参考，无以先入之语为主。"）朝中以董贤为首的大臣们也纷纷表示同意王嘉的意见，汉哀帝也就接受了，不再提出兵的事。没多久，息夫躬的阴谋大白于天下，汉哀帝大怒，把他关进监狱，后来他就死在狱中。

其实，在经济学的世界里，就有一个用于解释"先入为主"的理论——锚定效应（Anchoring Effect）。锚定效应是指当人们需要对某个事件作评估时，第一印象或数据就像固定船的锚一样，把我们的思维固定在了某一处，此时，我们会将这个第一印象或数据作为初始参照值，这个初始参照值影响着我们的判断，并最终制约着评估结果和我们的行为。

不过，在传统的经济学理论里，是没有锚定效应的。传统经济学认为，人们的决策是理性的，不会被无意义的数字或事件所干扰。然而，行为经济学家丹尼尔·卡纳曼（Kahneman）和特威斯基（Tversky）的研究却颠覆了传统经济学的这个论断。

1974年，卡纳曼和特威斯基组织了一个实验来证明锚定效应。他们找了一批学生，要求估计在联合国里面非洲国家占有多大的百分比。

他们为此做了一个可以旋转的"幸运之轮"，把它分成100格，分别填上1到100的数字，并当着这些人的面转动轮盘，选出了一个号码。

当转动这个轮盘之后，指针定在数字65上。下面你需要回答这样一个问题：非洲国家的数量在联合国国家总数中所占的百分比是大于65%还是小于65%？

这是一个常识问题，略加思考就知道，非洲国家在联合国国家总数中所占的比例肯定小于65%。但是，非洲国家的数量在整个联合国中占的实际比例是多少？

被试者给出的答案平均是45%。

接着，卡纳曼又找了另一群学生问了同样的问题。当这个轮盘停止转动后，是10，而不是65。问：你认为非洲国家在联合国国家总数中所占的百分比是大于10%还是小于10%？

这也是一个常识问题，非洲国家在联合国国家中所占的比例肯定大于10%。但是，非洲国家的数量在整个联合国中占的实际比例是多少？

被试者给出的答案平均是25%。

为什么同样的问题，两种情况下得出的答案差距如此之大呢？当

轮盘上出现的数字是 65 的时候，估计的百分比大约是 45%，而当轮盘上出现的数字是 10 的时候，估计的百分比变成了 25%，这些人如果知道这个所谓的"锚定点"，对他们的答案有这么大的影响，绝对会感到惊讶。对于这个实验，卡纳曼和特威斯基指出，人们在进行判断时常常过分看重那些显著的、难忘的证据，甚至从中产生歪曲的认识。例如，医生在估计病人因极度失望而导致自杀的可能性时，常常容易想起病人自杀的偶然性事件。这时，如果进行代表性的经济判断，则可能夸大极度失望病人将自杀的概率，这就是人们在判断中存在的锚定效应。

康奈尔大学的拉索（Lasuo）教授，也做过类似的实验。他向 500 名 MBA 的学生问道：匈奴王阿提拉在哪一年战败？结果表明，这些被试学生明明知道他们得到的基准数字毫无意义，可是这个数字却仍然对他们产生了影响。

芝加哥大学的赛恩贝·洛克也进行过类似的研究。实验结果同样反映出"先入为主"式的锚定效应在很大程度上影响了人们的选择。

当然，先入为主式的锚定效应不仅仅存在于经济学家的实验里，事实上，我们的生活中，随处可以看到先入为主的魅影在游荡。

比如说，你在接触某个未打过交道的领导前，有人告诉你："王××可凶了，动不动就骂人。"于是，"王××是个凶人"这一印象就深深地嵌入了你的脑海里。在首次你跟他打交道时，你就不自觉地变得畏首畏尾、战战兢兢、不敢表达自己的观点、不敢展示自己的才华。而经过长时间的了解你才发现王××其实是个很幽默、很平易近人的领导。而那个告诉你"王××很凶"的人是因为曾犯过严重的错误而被王××严肃批评过。

人们常说，初次见面时，你要留个好印象给别人，否则，以后就难以与他再打交道了。这个"第一印象"的背后所反映的就是"先入为主"的锚定效应。

......

正是因为多数人受先入为主式的"锚定效应"支配，一些聪明的商家就利用其来大肆"忽悠"顾客，将顾客套进"锚定效应"的笼子里。

比如说，你在买东西时，常常会"上当"。试问，对于一件你不是很熟悉的商品，如果商家标价 20000 元，你愿意出多少钱买下来？同样的一件商品，如果标价 13000 元，你又愿意出多少钱买下来呢？一般的情况是，在标价 20000 元的情况下，你和卖家在一番激烈的讨价还价后，如果最终能以 13000 元成交，你会很高兴，感觉那东西真值，自己赚了。因为你以 13000 元的价格买下了标价 20000 元的商品。而在标价 13000 元的情况下，你是绝对不会以 13000 元的价格买下这件商品的。不过，不幸的是，你的这点小聪明，恰恰被深谙"锚定效应"的卖家所牢牢掌控着。于是，他们往往会将本来 10000 元就能买到的东西标价 20000 元。不知不觉中，你就成了那个最受伤的人！

比如说，在同一品牌系列产品中，商家会制造一款"极品"，标出一个令人咋舌的价格。这款"极品"能否售出并不重要，关键在于它将价格"锚定"在高位，悄悄改变了相关产品的参照值。

比如说，你考上了名牌大学，要办谢师宴。你问酒店服务员，花多少钱一桌比较合适。服务员告诉你，一般来讲，得 1500 元一桌算中等，而 3000 元一桌才上档次。这其实非常荒谬，因为按照情理，每桌酒席的价格应该是你力所能及的范围。但事实上，包括你在内的很多人默认了酒店服务员的说法。其实，原本你是不想花这么多钱用于谢师宴的，因为，你的财力有限。然而，此时，在 3000 元这个锚定值的作用下，你想到，如果你定了低于 3000 元一桌的谢师宴，就会被看成小气鬼，于是，你就不知不觉地接受了这一标准，成了一个"打肿脸充胖子"的冤大头！

当然，反过来，你也可以利用先入为主式的"锚定效应"来谋取利益，甚至改变自己的命运。

怎么做呢？

你懂的！

3. "门当户对"的参照依赖

贝多芬出生于一个平民家庭。父亲是乐师，母亲是厨娘。家庭并未给他带来多少温暖。父亲酗酒打老婆，以金钱的名义，他希望儿子成为第二个莫扎特。家庭的暴力，使贝多芬从小就告诉自己，我不要这样的婚姻，我的婚姻要完整、完美。这个射手座的男人，热烈热情，渴望爱情来袭。他曾经热切地呼唤：爱情，只有爱情能够使我幸福；我身边得有知己，共同生活不应成为我的负担；独身者所过的日子，仅仅是人生的一半；神明啊，请让我发现可以引导我走上康庄大道的女性，能确确实实属于我的女性吧。

正当他无比渴望爱情的时候，爱情降临了。

1800 年，维也纳，贝多芬给布伦斯维克伯爵的两个女儿——约瑟芬和苔莱斯姐妹俩教授钢琴，并在伯爵家里和 16 岁的琪丽爱泰邂逅相遇。琪丽爱泰是约瑟芬和苔莱斯的表姐，她风情万种、天生丽质，贝多芬被她深深地迷住。虽然贝多芬相貌平平，但音乐才华横溢，内心世界丰富，琪丽爱泰也对他很有好感。不久，两人就双双坠入爱河，两年的热恋让贝多芬享受到了人生中少有的幸福。但他们的爱情却遭受了来自父辈们的强烈反对，原因是他们"门不当户不对"。出身的天壤之别，最终使他们劳燕分飞。

1803 年琪丽爱泰远嫁意大利的一位伯爵，从此，贝多芬对她的思念，只能寄托于她的小雕像，她成为贝多芬心里永远的恋人，并为她作出了珍贵的《C 小调月光奏鸣曲》。

和琪丽爱泰分手后，贝多芬将感情慢慢地转移到了约瑟芬身上。约瑟芬美丽动人，而且很有才气。可惜的是，约瑟芬 20 岁就嫁给了一位伯爵，开始了一段并不美满的婚姻。伯爵去世后，约瑟芬带着孩子回到维也纳，仍同贝多芬时有往来。尽管贝多芬对她还一往情深，可惜她受"门当户对"观念的束缚，只珍视与贝多芬的友谊，却不肯接受他的爱情。后来约瑟芬再婚，选择的丈夫仍然是有地位的伯爵。遗憾的是，没过多久家庭生活就宣告破裂，而约瑟芬也在 40 岁的时候含恨早逝。

正当贝多芬沉浸在失去约瑟芬的悲痛之中，苔莱斯闯入了他的心扉。苔莱斯很早就对老师贝多芬萌生了好感。此时的苔莱斯已出落成一位大姑娘，漂亮动人，多才多艺，尤其是绘画。她还曾把自己的一幅肖像赠给了贝多芬，并在上面题词："致罕见的天才，伟大的艺术家，上帝的宠儿，T. B 赠"。作为回报，贝多芬欣然为她谱写了《苔莱斯钢琴奏鸣曲》，用优美的旋律表达了自己的一片深情。尽管如此，当贝多芬向苔莱斯表明爱意时，仍没有得到回应。最终苔莱斯也没有成为贝多芬的妻子，而选择了终身未嫁。

就这样，身为世界艺术史上的最伟大作曲家之一的贝多芬，一生都未曾娶妻，唯有音乐陪伴了他的一生。

而造成这一切的，是那个叫"门当户对"的幽灵！

作为经济学者，我对贝多芬爱情的悲催遭遇深表同情和感慨，但我不想就"门当户对"作道德上的批判。更多地，我们得问，为什么多数人会选择"门当户对"呢？

在经济学看来，"门当户对"反映的是普遍存在于人们选择过程中的"参照依赖"原理。

传统经济学有几个假设。第一个是有关人们偏好的假设——偏好

理论（Preference Theory）。偏好理论认为，人的偏好是固定的，不会随时间而轻易改变；而且也是外生的，与他人的选择和参照点无关。在作选择时，人们只会考虑各种选择的成本和收益，并在既定偏好和收入等约束下，选择对自己最有利的行为。也就是说，在传统经济学的眼里，如果你喜欢苹果胜过橘子，喜欢橘子胜过葡萄，那么你就不能喜欢葡萄胜过苹果。而且，你的这种偏好，不会受他人对葡萄喜欢的影响。即便其他人都喜欢葡萄胜过苹果，你也不会"随大流"，而是继续坚定地喜欢苹果胜过葡萄。

第二个假设是，人们作决策时，只会选择那种令自己收益最大化的方案，而不会受他人的影响。比如说，你面对这样一个选择，在商品和服务价格相同的情况下，你有两种选择：

A. 其他同事一年挣 6 万元的情况下，你的年收入 7 万元。

B. 其他同事年收入为 9 万元的情况下，你一年有 8 万元进账。

按照传统经济学的理论，你应该选择 B，因为，B 较之 A，会使你的收入增加 1 万元。

可是，行为经济学家丹尼尔·卡纳曼的研究却表明：大部分人选择了前者！这真是个让人意外的结果！

为什么会出现这样的情况呢？

对于这个现象，丹尼尔·卡纳曼认为，人们的偏好并不是固定不变的，而是常常会受到单独评判、联合评判、交替对比及语意效应等因素的影响。此时，参照点或曰参照系就会起很大作用，在很大程度上左右人们的选择。换言之，人是一种参照型动物，通常情况下，人们对某一个结果的得失预算是相对某个参照点的变化而完成的，他们所看重的不是最终结果，而是最终结果与参照点之间的差额。如果，你的参照点定位高，此时，即便别人给你很多的好处，或者即便某种选择的收益很大，但如果它们还是距离你的参照点有一定的距离，你也会觉得心有不甘。但如果你的参照点定得比较低，此时，即便人们给你的好处不大，或者即便某种选择的收益不那么高，但你也会觉得心满意足。比如，当你一年收入 20 万的时候，你是高兴还是失落呢？如果你年初的既定目标是 10 万元，你也许会感到高兴；但是如果你年初的目标是 100 万元的时候，你就会有点失落了。比如，大学刚毕业时在一家公司过节是没有什么福利发放的，老板基于表现给发了张 200 元的购物卡，当时觉得十分开心；后来在一家大一点的公司，过节会发个一两千的过节费，但似乎也没什么值得兴奋的，因为大家都有。比如，我给一个乞丐 100 块钱，他觉得多吗？但我给比尔·盖茨 100 块钱，他会觉得多吗？

因此，卡纳曼指出，我们对得与失的判断，是来自比较；所谓的损失和获得，一定是相对于参照点而言的。正是这种参照下的得失比较，决定了我们的选择和行为。这就是"参照依赖"（Reference Dependence）。

参照依赖在现实生活中，有着诸多表现。比如说，你以前的收入只有五六万一年，不过，你的老婆并没有抱怨你收入低。由于运气好，你过去两年接了几个项目，使得收入有了很大提高，超过了 10 万元。但是，你今年的收入又回到了五六万。这时，不仅你自己心里难受，你的妻子也对会你抱怨不停。

比如说，以前政府不注重百姓的福利，百姓呢，久而久之，也就习惯了。但某一天，政府要施惠于百姓，开始搞福利社会，百姓的福利渐渐增多起来。可是，随着福利的增长，政府的债务负担也越来越重。到了某一天，终于爆发债务危机。此时，政府不得已要削减福利。可是，习惯了高福利的老百姓却不再答应！——这不就是希腊等国的现实写照吗？

比如说，许多人赚钱的动力常常不是来自于改善生活的需要，很多时候，他们的钱已足够生活所需。但他们却还是不断地去赚钱、赚钱。原因无他，就在于周边的同事或朋友赚的钱比自己更多！

回到婚姻中的"门当户对",其实,也是"参照依赖"在作祟。就琪丽爱泰、约瑟芬和苔莱斯等人和其父母而言,他们是贵族。在婚姻的对象方面,他们的参照系大体上来说,也应该是贵族。然而,伟大的贝多芬,即便是个天才的音乐家,但他只是一介平民百姓,不是贵族出身。所以,即便贝多芬与琪丽爱泰、约瑟芬等人相爱,但在"门当户对"的参照依赖下,必然阻断他们走向婚姻之路。

不过,"参照依赖"并不必然只会引发贝多芬式"门当户对"的婚姻悲剧,我们也可以利用参照依赖来改变客户或其他群体的行为,从而增加自己或社会的收益。

在教育中,我们可以通过多赞美和树立偶像,来强化小孩成长为一个有用的人的参照依赖——像乔丹那样的篮球明星、像贝克汉姆那样的足球明星、像林肯那样的政治家、像爱因斯坦那样的科学家……

在市场营销中,我们可以利用参照依赖,通过广告来改变人们的期望值,使其更偏好于自己的产品或服务……

在经营管理中,我们也可以利用参照依赖,来强化人们的某种行为。有一家英国大公司,其日常工作费用开支很大,公司经理为了降低费用开支,想出了一个办法。他雇了一位面孔冷酷、资历很深、有会计工作经验的人。经理让这位会计师坐在前面有玻璃窗的办公室里,这样,他就可以看到在他前面办公的所有员工。公司经理告诉所有的员工说:"他是被雇来检查所有的费用账簿的。"每天早晨公司职员都会把一叠费用账簿摆在他的办公桌上。到了晚上,他们又来把这些账簿拿走交给会计部门。然而这位被请来的会计师根本未曾翻阅过那些账簿,但是所有的员工都不知道这回事。奇迹出现了,在会计师来公司"检查"账簿的一个月时间内,公司所有费用开支降低至原来的80%。奇迹为什么出现呢?这主要是公司的员工出现了"自我参照依赖"。公司请会计师这一客观事实,引起公司员工的神经冲动，开始产生心理活动，对"检查"作出整体反应，就是要进行自律，不能胡乱开支。

……

（漫画转引自来福岛 www.laifu.org）

4. "狐假虎威"的认知偏差

战国时代，北方各国都惧怕楚国大将昭奚恤，楚宣王曾为此感到奇怪。因此他便问朝中大臣，这究竟是为什么。当时，有一位名叫江乙的大臣，便向他叙述了下面这段故事：

"从前在某个山洞中有一只老虎，因为肚子饿了，便跑到外面寻

觅食物。当他走到一片茂密的森林时，忽然看到前面有只狐狸正在散步。他觉得这正是个千载难逢的好机会，于是，便一跃身扑过去，毫不费力地将它擒了过来。可是当它张开嘴巴，正准备把那只狐狸吃进肚子里的时候，狡黠的狐狸突然说话了：'哼！你不要以为自己是百兽之王，便敢将我吞食掉；你要知道，天帝已经命令我为王中之王，无论谁吃了我，都将遭到天帝极严厉的制裁与惩罚。'老虎听了狐狸的话，半信半疑，可是，当它斜过头去，看到狐狸那副傲慢镇定的样子，心里不觉一惊。原先那股嚣张的气焰和盛气凌人的态势，竟不知何时已经消失了大半。虽然如此，它心中仍然在想：我因为是百兽之王，所以天底下任何野兽见了我都会害怕。而它竟然不怕我，难道它真是奉天帝之命来统治我们的？狐狸见老虎迟疑着不敢吃它，知道它对自己的那一番说词已经有几分相信了，于是便更加神气十足地挺起胸膛，指着老虎的鼻子说：'怎么，难道你不相信我说的话吗？那么你现在就跟我来，走在我后面，看看所有野兽见了我，是不是都吓得魂不附体，抱头鼠窜。'老虎觉得这个主意不错，便照着去做了。于是，狐狸就大模大样地在前面开路，而老虎则小心翼翼在后面跟着。它们没走多久，就隐约看见森林的深处，有许多小动物正在那儿争相觅食，但是当它们发现走在狐狸后面的老虎时，不禁大惊失色，狂奔四散。这时，狐狸很得意地掉过头去看看老虎。老虎目睹这种情形，也不禁心惊胆战，但它并不知道野兽怕的是自己，而以为它们真是怕狐狸呢！狡狐之计是得逞了，可是它的威势完全是因为假借老虎，才能凭着一时有利的形势去威胁群兽。而那可怜的老虎被人愚弄了，自己还不自知呢！因此，北方人民之所以畏惧昭奚恤，完全是因为大王的兵权掌握在他的手里，那也就是说，他们畏惧的其实是大王的权势呀！"

　　其实，在经济学家看来，狡猾的狐狸之所以能假借老虎的威风到

处招摇撞骗，恰恰就在于老虎出现了认知偏差。换言之，"狐假虎威"这个典故印证了经济学的认知偏差理论。

心理学家所讨论的"认知偏差"，是指一些非常普遍、主要是基于人类认知结构所犯的谬误。20世纪70年代起，经济学大师、实验经济学的开创者卡纳曼和特威斯基开始将心理学的"认知偏差"引入经济学，来研究人类行为中"认知偏差"的缘起、作用表现形式和对人们决策及选择的影响。

认知心理学和实验经济学认为，人的认知过程可以看成是人脑的信息处理过程。因此，认知偏差，可以按照认知进行的四个环节中出现的顺序进行分类，即信息识别—信息编辑—信息输出—信息反馈。沿着这四个环节，认知心理学家和行为经济学家们，研究、总结出了人类行为中的26种认知偏差。这26种认知偏差，按照人类信息处理的过程，可以分为三类：一是信息识别阶段偏差：易得性偏误、代表性偏差、文化和社会认知、小数字定理、认知失调、从众心理、过度反应、搜寻成本。二是信息编辑阶段偏差：框架依赖、保守性偏差、模糊趋避、无关效果、神奇式思考、准神奇式思考、锚定和调整。三是信息评价阶段偏差：过度自信、后见之明、原赋效果、确定效果、反射效果、后悔厌恶、归因偏差、人性好赌、损失厌恶、宿钱效应、处置效应。

在对认知偏差进行归类的同时，行为经济学家们也在不断的探索，人类在决策和选择过程中，为什么会产生认知偏差？行为经济学家认为有四大原因：

首因效应。所谓首因效应是指，当人与人接触进行认知的时候，首先被反映的信息，对于形成人的印象起着强烈的作用。简单地说，首因效应即是人对他人的第一印象。首因效应之所以会引起认知偏差，就在于认知是根据不完全信息而对交往对象作出判断的。首因效应一旦形成，就会直接影响到交往中的态度，从而影响到人们的行

为。所以，最先的印象对人的认知具有极其重要的影响。如某人在初次会面时给人留下了良好的印象，这种印象就会在很长一段时间内影响人们对他以后的一系列心理与行为特征的解释。于是，当我们进入新学校、面试求职、第一次见面、到新单位、进入一个新的团队、新的朋友圈，要意识到有个"首因效应"，第一次就留下好印象。对此，生活中一些面相难看、形象不佳、行为不端庄的人比较吃亏，因为第一印象不好，《三国演义》中，刘备第一次见凤雏庞统就是这样。

近因效应。近医效应与首因效应相反，是指在多种刺激一次出现的时候，印象的形成主要取决于后来出现的刺激，即交往过程中，我们对他人最新的认识占了主体地位，掩盖了以往形成的对他人的评价，因此，也称为'新颖效应"。多年不见的朋友，在自己的脑海中的印象最深的，其实就是临别时的情景；一个朋友总是让你生气，可是谈起生气的原因，大概只能说上两三条，这也是一种近因效应的表现。在学习和人际交往中，这两种现象很常见。首因效应和近因效应都是使个体认知发生偏差的心理因素，只不过个体获得的信息对认知情况的作用条件不同罢了。假如关于某人的两种信息连续被感知，人总是倾向于前一和信息，并形成深刻的印象，这是首因效应。假如人们先知道某人第一信息，隔较长时间后才了解第二个信息，这第二个信息便是最新的。这最新的信息则会给人留下较深刻的印象，这即是近因效应。常常有人说，前面做了一百件好事，但第一百零一件做了坏事，结果，人们会疑心他前面的一百件好事，这就是近因效应在作怪。所以，生活中一个人要变坏很容易，要保持好的很艰难。

晕轮效应。晕轮效应又称光环效应，是指当认知者对一个人的某种人格特征形成好或坏的印象之后，人们还倾向于据此推论该人其他方面的特征。也就是从所知觉到的特征泛化推及其他未知觉的特征，从局部信息而形成一个完整的印象。这就好像晕轮一样，是从一个中心点而逐渐向外扩散成越来越大的圆圈，所以称之为晕轮效应。苏联学者博达列夫在一次实验中，曾向两组大学生分别出示同一个人的照片。在出示照片前，实验者向第一组被试者说，照片上的人是一个恶贯满盈的罪犯；而向第二组被试者说此人是一个大科学家。然后让两组被试者对照片上的人进行描述。第一组的评价是：深陷的眼窝，证明了他内心的仇恨；突出的下巴，意味着他沿罪恶道路走到底的决心。第二组的评价则是：深陷的双眼，表明了他的思想深度；突出的下巴，体现了他在认识道路上克服困难的意志力。生活中，崇拜、情人眼里出西施、爱屋及乌，大都因为这个"晕轮效应"。聪明人在对问题的认识上，不要被一些光环所迷惑了。

投射效应。投射效应是指将自己的特点归因到其他人身上的倾向，是指以己度人，认为自己具有某种特性，他人也一定会有与自己相同的特性，把自己的感情、意志、特性投射到他人身上并强加于人的一种认知障碍。投射效应能使我们对其他人的知觉产生失真。一般来说，投射效应的表现形式主要有两种：一是感情投射，即认为别人的好恶与自己相同，把他人的特性硬纳入自己既定的框框中，按照自己的思维方式加以理解。比如，自己喜欢某一事物，跟他人谈论的话题总是离不开这件事，不管别人是不是感兴趣、能不能听进去。引不起别人共鸣，就认为是别人不给面子，或不理解自己。二是认知缺乏客观性，比如，有的人对自己喜欢的人或事越来越喜欢，越看优点越多；对自己不喜欢的人或事越来越讨厌，越看缺点越多。因而表现出过分地赞扬和吹捧自己喜欢的人或事，过分地指责甚至中伤自己所厌恶的人或事。

以上四种原因是过去心理学家和行为经济学家在多年前的研究所得。近来，他们又提出了一种可能导致人们认知偏差的原因，即错误管理理论。进化心理学家哈瑟尔顿（M. G. Haselton）和列托

（D.Nettle）认为通常旳决策不是犯不犯错误的问题，而是犯哪种错误的问题。简单地说，错误管理理论认为人类在不确定情境下的决策通常面临着出现差错的风险。这些错误可以分为两类：错误肯定和错误否定。错误肯定是把噪音当成信号，比如把没病的人识别为有病的；而错误否定则是把信号当成噪音，比如把有病的人识别为没病的。两类错误，在进化环境中通常所付出的代价是不同的。哈瑟尔顿和列托认为，许多认知偏差都是自然选择配备给人们的行为手册，指导人们以犯错误的方式适应世界，因为如果不犯这种错误，就可能会犯代价更高的错误。举例来说，把有毒的蘑菇当成没毒的风险就远远高于相反的情形。因此，假如一个原始人在野外找吃的，看到一种从来没见过的蘑菇，在不能判断对方是否有毒的情况下，假设蘑菇有毒的代价无疑是可以接受的（即使这种判断可能是错的），顶多就是挨饿。可这位老兄要是饥不择食，假设蘑菇是没毒的，恐怕会中毒身亡。因此，认为不熟悉的蘑菇可能有毒的错误感知和判断能帮助人们更好地适应环境。

错误管理理论能够解释和预测许多有趣的心理现象。比如说，同样的音量变化，当音量升高时，人们会高估音量变化的幅度。这是因为音量升高常常意味着某一物体趋近自己，人们高估这种冲向自己物体的速度无疑可以为自己争取更多的反应时间，因为对方极有可能是来者不善的天敌。类似地，同样一段垂直距离，从上往下看时，人们会高估这段距离的深度。这会让人在面临高度情景时更加小心翼翼，以免失足。

比如说，许多人都排外。我们知道，虽然陌生人不一定都是坏人，问题是人们通常无法在有限的时间里精确判断对方是好人还是坏人。他们既可能把好人当成坏人，也可能把坏人当成好人。这两种判断的代价不同，把坏人当成好人的代价无疑更大。因此，默认陌生人是坏人的排外心理，其实是帮助人们适应社会生活的锦囊

妙计。

错误管理理论不单单说明了人类共同的心理偏差现象，也有力地预测和解释了男女两性在择偶领域为什么会犯不同的错误。

比如说，对女人来说，听到男人说"我爱你"是令人激动的浪漫情结。问题在于，男人的承诺可能是真心真意，也可能是虚情假意。一个女人可能把真的承诺当成假的，也可能把假的承诺当成真的。两种错误之中，后者带来的代价对她们而言尤为沉重。因此，女性可能会"错误"地低估男性承诺的可靠程度。男人的山盟海誓和甜言蜜语可能会被女人默认地烘干处理，以便减少水分。

比如说，女性会高估男性的强暴意图。新墨西哥大学的嘉沃-阿帕格（C. E. Garver-Apgar）等人招募了一批男大学生进行录像，要他们冲两个录像的女学生说明为什么自己是一个更合适的约会对象，然后要求观看录像的女大学生评价两位男性的人格特征包括对方的强暴倾向。结果显示女性会高估男性的强暴意图。

比如说，男人常常会犯一种"自作多情"的错误：他们偏执地认为某个对自己微笑的女人爱上了自己。因为相比这种错误，低估女性对自己兴趣的代价反而更大。

比如说，男性容易高估伴侣背叛的可能。虽然女性也会犯类似的错误，不过男人犯这种错误的几率远远高于女性。这可能跟男性低估这种风险的代价太大有关。

……

由于研究的不断深入，认知偏差理论在解释人类行为中，起着越来越重要的作用。从一个侧面而言，正是认知偏差，导致我们犯了许多错误；但从另一个侧面来说，如果我们熟知了认知偏差理论，并且能灵活应用——像狐狸那样利用老虎的认知偏差，就能化腐朽为神奇、变不利为有利。

你是做狐狸还是老虎呢？

这，就看你的本事了！

（漫画引自中工网 2010 年 10 月 19 日 "狐假虎威"）

5. "淳于荐才" 的类聚效应

战国时期，齐国有一位著名的学者名叫淳于。他博学多才，能言善辩，被任命为齐国的大夫。他经常利用寓言故事、民间传说、山野逸闻来劝谏齐王，而不是通过讲大道理来说服他，却往往能收到意想不到的效果。

齐宣王喜欢招贤纳士，于是让淳于举荐人才。淳于一天之内接连向齐宣王推荐了七位贤能之士。齐宣王很惊讶，就问淳于说："寡人听说，人才是很难得的，如果一千年之内能找到一位贤人，那贤人就好像多得像肩并肩站着一样；如果一百年能出现一个圣人，那圣人就像脚跟挨着脚跟来到一样，现在，你一天之内就推荐了七个贤士，那贤士是不是太多了？"

淳于回答说："不能这样说。要知道，同类的鸟儿总聚在一起飞翔，同类的野兽总是聚在一起行动。人们要寻找柴胡、桔梗这类药材，如果到水泽洼地去找，恐怕永远也找不到；要是到梁文山的背面去找，那就可以成车地找到。这是因为天下同类的事物，总是要相聚在一起的。我淳于大概也算个贤士，所以让我举荐贤士，就如同在黄河里取水，在燧石中取火一样容易，我还要给您再推荐一些贤士，何止这七个！"

淳于的回答就是"物以类聚，人以群分"这个成语的来源。那么，为什么会有这样的"类聚"现象呢？

其实，各位，只要你了解现代经济学，你就会知道，经济学里有一个著名的"类聚效应"理论，说的就是这个问题。

"类聚效应"指的是相同或相近的人会聚集在一起，从而引发某种趋同的宏观现象（如种族隔离、阶层断裂等）。

比如说，小孩子往往喜欢和小孩子玩，老人则往往喜欢和老人在一起；喜欢跳舞的人常聚集在一起跳舞；喜欢唱歌的人常聚在一起唱歌；喜欢上教堂的人，就喜欢一起去听布道……

比如说，社会上，富人常常和达官显贵聚在一起，而穷人则常常和穷人聚在一起，导致社会割裂严重，不平等程度加剧。

比如说，来自一个地区的人常常居住在一起，尤其是移民城市，我们常常可以看到"四川人聚集区"、"湖南人聚集区"……

又比如说，在当今美国社会，我们仍可观察到许多基于性别、年龄、收入、语言等不同人群特征而发生的隔离现象，种族隔离从未真正消失。根据2013年8月美国经济政策研究所的一份报告显示，如今美国公立学校的自发性种族隔离甚至比40年前还要严重：全国范围内许多公立学校只有少于30%的白人学生，远低于校区人口比例；而在底特律等城市，部分学校的黑人学生比例达到了98%。至于同一城市内存在泾渭分明的"白人区"与"黑人区"，更成为居民们心照不宣的事实。

当然，"类聚效应"的表现不仅仅体现于此，就连在NGO中，

"类聚效应"也在作祟。在 2011 年 9 月出版的《公民社会季刊》上，香港中文大学社会学系的安子杰教授（Anthony J. Spires）指出：流向草根 NGO 的援助其实很少。2002 年到 2009 年间，美国基金会对华援助约有 4.3 亿美元（不含港澳台），其中捐助给学术机构、政府部门、官方 NGO 的分别占 44.01%、25.38%、16.62%，这三部分援助占到了总额的 86.01%，而草根 NGO 获得的捐助只占 5.61%。是何缘故造成了这种与美国基金会所宣扬的自身使命相背离的结果？作者总结出两大基本原因，一是制度约束，二是机构的"类聚效应"。不过，相对于制度约束，作者认为更重要的因素在于机构的"类聚效应"。正是"类聚效应"，导致了 70% 的援助捐给了北京为总部的机构！

……

"物以类聚，人以群分"，这一简单的趋同现象令诸多学者深深着迷。

纽康布（Newcomb）1961 年做过一个实验。实验结果表明：条件相似的房间的人们，关系很密切，成了好朋友；而条件不相似的房间的人们，关系很平常，难成为朋友。不过，纽康布没有给出理论上的回答。

给出理论回答的是哈佛大学经济学家托马斯·谢林（Thomas Schelling）。早在 1971 年，谢林就尝试以论文《隔离的动态模型》（Dynamic Models of Segregation）来解释包括种族隔离在内的一般隔离现象的形成机制，更在后来的《微观动机与宏观行为》（*Micromotives and Macrobehavior*）一书中加以深入阐述。他的主要发现是：种族隔离可能跟种族歧视毫无关系！

这一理论颠覆了人们对于种族隔离现象的理解，一定程度上也影响了舆论风向与政府政策；谢林的模型更成为社会科学界津津乐道的经典。当然，这只是谢林对于博弈论研究的一个小收获。2005 年，谢林因"通过博弈论分析改进了我们对冲突和合作的理解"与罗伯特·奥曼（Robert John Aumann）共同获得诺贝尔经济学奖。

不过，谢林模型近来却遭受了来自社会学家的挑战。

2006年，加州大学洛杉矶分校（UCLA）社会学系博士生布鲁切（Elizabeth E. Bruch）与教授迈尔（Robert D. Mare）合作，发表论文《邻居选择与邻里变化》（Neighborhood Choice and Neighborhood Change），直接向谢林发起挑战。通过计算机模型分析，他们发现"仅在个体选择具有确定阈值的条件下，高度隔离才会发生"，否则，仅凭个体偏好并不会导致种族隔离。

然而，有趣的是，不久之后，布鲁切和迈尔的结论却受到了来自社会学内部的质疑和挑战。

2009年，纽约大学石溪分校社会学系年轻的副教授范德里特（Arnout van de Rijt）与康奈尔大学社会学系资深教授马思（Michael Macy）在《美国社会学刊》上发表评论文章，称Bruch-Mare模型存在致命错误。这篇文章的题目可谓相当巧妙又略显刻薄：《邻居随机与邻里变化》（Neighborhood Chance and Neighborhood Change）——与原论文题目仅有两字之差，却十分精准地概括了其所批评的核心问题。

经过重复模拟，范德里特等人发现，无论是通过实际数据得出的模型，还是理想阶梯模型和连续模型，都会导致与谢林模型一致的高度隔离，甚至比谢林模型导致的隔离更为显著；只有在个体选择具有相当高的随机度，甚至可能搬进本人并不喜欢的社区之时，种族融合才会发生。也就是说，如果人们对邻里变化更为敏感，绝不可能带来融洽相处的局面。

当然，正如所有的事物都有两面性一样，类聚效应也有其正面作用和负面影响。就其正面作用而言，通过类聚效应，我们可以获取来自规模经济和范围经济的好处。例如，在产业发展过程中，所谓的产

业集聚和集群，其本质就是类聚效应在起作用。而通过产业集聚集群，就可以产生产业分工所带来的效率增加、产业集聚带来的成本节约和产业创新带来的知识增长。就其负面影响而言，类聚效应会导致社会的隔离和断层，使得阶层与阶层间的差距拉大、种族与种族间的隔阂加深，从而不利于社会的融合与稳定。

因此，我们在看待类聚效应时，要用其善、避其恶。

6. "失之东隅"的副产品效应

公元 25 年秋天，汉光武帝刘秀建立东汉政权。接着，刘秀就把屠刀指向赤眉起义军。公元 26 年春天，长安断粮，樊崇领导的几十万赤眉军不得不向西转攻城邑，但遭到占据天水郡的隗嚣的阻击，只得又回到长安来。这时，长安已被刘秀部将邓禹占据。经过激战，赤眉军打败了邓禹，9 月又重新占领长安。这年冬天，赤眉军的粮食供应仍然极端困难，不得已于 12 月引兵东进。刘秀一面派大将冯异率军西进，在华阴阻击赤眉军；一面在新安、宜阳屯驻重兵，截断赤眉军东归的道路。冯异率领西路军，在华阴、湖县一线，同赤眉军相持了 60 多天。多次被赤眉军打败的邓禹，这时率部到达湖县，同冯异的部队会合。邓禹妄想取胜，派部将邓弘抢先进攻赤眉军，又被赤眉军打得落花流水。邓禹、冯异亲率主力救援，在回溪又被赤眉军打得大败。邓禹只带着 24 骑逃回宜阳；冯异抛弃了战马，只带着几个人爬上回溪阪，逃回营寨。公元 27 年正月，赤眉军在崤底被冯异打败，遭到重大损失。剩下的起义军折向东南，不料在宜阳又陷入刘秀重兵的包围。赤眉军经过艰苦的战斗，始终不能突围。樊崇等人在粮尽力竭的情况下，投降了刘秀。战斗结束后，刘秀下了一道诏书，名叫《劳冯异诏》。其中有这样几句，"始虽垂翅回溪，终能奋翼渑池。可谓失之东隅，收之桑榆"。

其实，刘秀的"失之东隅，收之桑榆"含有深刻的经济学思想，体现了人类行为的副产品理论。人类的活动结果往往不是单一的，而是有多种可能。一项活动所产生的结果，常常除了活动所明确追求的结果之外，还伴生着未曾料想到的结果；甚至，在某些时候，还可能是"有意栽花花不开，无心插柳柳成荫"，即人们所抱有的有明确目标的努力可能无法实现，却意外地收获了其他结果。在一项活动中，与明确追求的那些结果伴生的无意识的结果就是副产品。人们无法预料一项活动会产生哪些具体的副产品，但是可以肯定，一项活动必定会产生副产品。

人类活动的副产品种类非常丰富，其中有一种特别重要，这就是人们在活动过程中无意中获得的知识。而人类所拥有的知识是通过两种方式获得的：第一种方式是有意识的专门求知活动，通过这种方式获得的知识即所谓的科学知识；第二种方式是在进行其他有明确目标的活动时无意中获得的知识，即所谓的经验知识。一切活动必然产生经验知识，甚至有意识的专门求知活动也产生这种副产品（许多重大的科学发现其实并非本意而是副产品），而且经验知识作为副产品，其代价为零，所以，可称之为"白捡的知识"（朱锡庆，2004）。而通过有意识的专门求知活动获取知识的代价极为昂贵，所以通过这种途径获取的知识仅限于普适性知识。因此，在人类所拥有的全部知识中，科学知识所占的比重很小，绝大部分是经验知识。

而且，人们的行动总是基于其所拥有的知识，而人们所拥有的知识中绝大部分又是作为行动副产品的经验知识。这就是说，行动与经验知识是相互搓动的，就像搓绳子一样，在一项活动中无意间获得的知识会作用于以后的活动，在活动中无意间又获得了新的知识，如此循环往复。行动与经验知识相互搓动，使二者都具有自我成长机制：

在活动中，经验知识潜生暗长，不断积累，使行动范化为惯例并持续优化。哈耶克说来说去怎么也说不明白"自发性"到底是怎么一回事，但无疑他却洞察到了我们称之为"文明"的那些事物所具有的自我成长机制。因而，人的行为方式、制度以及所有被叫作"制造"的东西，其实都带有某种程度的"自发性"，它根源于作为活动副产品的经验知识及其作用。

然而，副产品除了"经验知识"外，还有多种其他存在形式。其中一种就是人们在设计某种激励制度时，由于制度的不完善、契约的不完全，这些制度在激励人们做出某项合意的行动的同时，也会带来扭曲，造成许多与本意相悖的"副产品"。如改革开放后，为促进我国经济的发展，在我国人事任免制度中，对官员的任免是基于GDP考核的相对晋升锦标赛机制。

晋升锦标赛的主要特征是参赛人的竞赛结果的相对位次，而不是绝对成绩，决定最终的胜负，因而易于比较和实施。各参赛人为了赢得比赛而竞相努力，以取得比别人更好的比赛名次，这是锦标赛的激励效果。在一定条件下（比如参赛人的风险倾向是中性的），锦标赛可以取得最优的激励效果。锦标赛激励在契约理论中通常被视为相对绩效评估的一种形式，相对绩效评估的好处在于，当多个代理人从事的任务中涉及某种共同的未被观察的因素，比较代理人的相对绩效可以剔除这些共同因素的干扰，增加评估的精确度，从而提高契约的激励强度。

以GDP为考核指标的晋升锦标赛赋予了我国地方政府官员强大的激励，促使他们为追求本地的更高的GDP而行动。这是因为，如果某个地方的GDP增长速度低于其竞争对手，那么这个地方的领导人就得不到升迁，为了升迁，他就必须努力，创造出超过竞争对手的GDP。因而，我国人事任免中的晋升锦标赛制度赋予了地方政府官员极强的追求GDP更快增长的激励，并进而推动了我国经济快速发展，创造了中国经济增长奇迹。然而，这项制度也有着其"副产品"，带来以下方面的扭曲：第一，晋升锦标赛下，地方政府官员只关注那些能够被考核的指标，而对那些不在考核范围或者不易测度的后果不予重视。当以 GDP 为主要考核指标时，地方政府官员就会以追求 GDP 最大化为行动目标，从而导致对其他的重要目标的忽视，如政府官员热衷于搞政绩工程，重复建设，甚至编制经济增长数字，搞数字造假等；而对那些与 GDP 增长相关性不大但对于民生却非常重要的目标如教育、医疗和环保却置之不顾。第二，一般而言，地方政府承担的任务是多项的，且各任务存在替代性，这将激励地方政府官员重视那些有利于 GDP 增加的产业和地区，造成产业发展的不平衡和地区发展的不平衡。第三，由于晋升激励采用相对绩效考核，为争取在锦标赛中得胜，可能导致地区经济竞争中的互相拆台效应。第四，代理人面临共同冲击是相对绩效评估有效的一个重要前提，但各个地区发展中的异质性和马太效应导致相对绩效是一个噪音很多的指标，基于相对绩效评估的激励方案的效果就会大打折扣。第五，晋升激励只对有望晋升的人起作用，如果晋升无望，则地方政府官员可能采取掠夺的方式损害地方经济。第六，晋升激励机制本身并不可能完美运行，在中国的转轨背景中，关系交易、权钱交易等可能使得晋升激励全然失效。第七，会造成地方政府公共支出结构"重基本建设、轻人力资本投资和公共服务"的明显扭曲。第八，在晋升锦标赛下，也可能会出现预算软约束问题。这是因为：首先，为了在经济竞争中获得有利地位以增进政治晋升的机会，地方官员会动用一切政策手段（包括财政和金融工具）支持企业和其他商业扩张，这种只重数量而非质量的扩张很容易形成企业经营绩效低下和政府的财政赤字和负债。其次，在晋升锦标赛下，不仅国有企业，甚至一些民营企业的预算约束有可能软化。

……

从"失之东隅，收之桑榆"的成语中，我们可以看出"副产品"是人类行为的必然结果之一。一方面，作为经验知识的副产品会促使人类进步；另一方面，作为制度不完善、契约不完全的"副产品"却有可能带来意想不到的激励扭曲。

7. "牛顿被套" 的羊群效应

1720 年，英国南海公司股票开始大涨。南海公司的股票疯涨引发了市场的狂热。人们纷纷卷入其中，预期南海公司的股票能一直涨下去。在此热浪的席卷下，英国伟大的数学家、物理学家、天文学家和自然哲学家牛顿在年初开始涉足其中。到 1720 年 4 月 20 日，牛顿卖出了所持的英国南海公司股票，获利 7000 英镑。当年 7 月，南海公司的股票涨到 1000 英镑一股，涨了 8 倍，这时牛顿加大资金买入。不过可惜的是，1000 英镑是这个股票的最高价。到 12 月，股价又回到起点，牛顿损失了 2 万英镑。2 万英镑对牛顿意味着什么呢？以 1699 年就职英格兰皇家造币厂厂长时年薪 2000 英镑计算，牛顿在南海公司股票上赔掉了 10 年的薪水！大痛之下，牛顿说了一句传世名言：我能计算出天体运行的轨迹，却难以预料到人们的疯狂。

于是，牛顿就成了朱锡庆笔下的那个"最大的笨蛋"——人们在资本市场上进行傻博时，并不是去关心标的资产的真实价值，而是预期更大笨蛋会出现，价格会上涨，自己要赚钱。然而，没有真实回报做支撑的傻博，终究会崩盘。一旦崩盘，那些后进入市场、在高位接盘的人无疑就成了被套牢的最大笨蛋。

自 1593 年发生在荷兰的郁金香热以来，人类的"最大的笨蛋"层出不穷。在一次又一次的金融泡沫中，"笨蛋"一个接一个地前赴后继着。远的不说，2007 年在中国爆发的股市狂热症和 2000 年左右在美国爆发的网络泡沫，不就套牢了大量的"最大的笨蛋"吗？

问题是，为什么那么多人会前赴后继地做"最大的笨蛋"呢？

答案就在于羊群效应！

"羊群效应"一词源于生物学对动物聚群特征的研究。生物学里存在这样有趣的现象：在一群羊前面横放一根木棍，第一只羊跳了过去，第二只、第三只也会跟着跳过去；这时，把那根棍子撤走，后面的羊，走到这里，仍然像前面的羊一样，向上跳一下，尽管拦路的棍子已经不在了。

在人类社会，我们也和动物一样，有"随大流"的取向。这种"随大流"的行为就是羊群效应。现实生活中，羊群效应比比皆是：选择餐馆时人们愿意选择最热闹、顾客最多的地方，网上冲浪时喜欢浏览点击率最高的网站，看电影时也会选择票房排行较好的影片……至于投资决策时，羊群效应就更加明显了：基金经理在决策时往往会跟从其他基金经理的选择，中小投资人的投资决策更会依赖"大户"的投资决策。

之所以会如此，是因为单个行为人在心理上认为，如果自己依附于大多数人的行为，就可以降低自行采取行动的成本，并获得尽可能大的收益。英国著名经济学家凯恩斯有一句形象的描述："投资就像是选美，只有跟随大众的品位才能有所斩获。"早在 1936 年，他就发

现了投资活动中的非理性羊群效应问题，他指出："投资收益日复一日的波动中，显然存在着某种莫名的群体偏激，甚至是一种荒谬的情绪在影响着整个市场的行为。"这种在已有的社会公共信息（市场压力、市场价格、政策面、技术面）下，市场参与者观察他人行为并受其影响从而放弃自己的信念，做出与其他人相似的行为的现象就是羊群效应。羊群效应一旦形成，就会有不断加强的趋势，更多人的加入增强了固有选择者的信心，同时向周围发出更加诱人的信号，吸引了更多加入者。但是如果有特别强烈的反向信号出现，恐慌心理也开始连锁反应，这些人也会一窝蜂地逃离，一次性地扭转整个趋势。

延伸到金融市场，羊群效应是指投资者在信息不确定的情况下，行为受到其他投资者的影响，模仿他人决策，或者过多依赖于舆论，而不考虑个性化有效信息的行为。在金融市场中，由于羊群效应引起信息阻塞，使得投资者不能迅速、完整和准确地得到和利用有关某项资产的信息，资本的价格变动不是内在价值的反映，而是"某种莫名的群体偏激"，以致出现了大量的价格泡沫和股价的异常波动，引起传染效应及危害金融系统安全，极大地扰乱了金融市场的有效性和正常运行。其对价格信号的干扰造成了大量错误的资源配置，使得市场机制不能发挥应有的作用，而当局势出现逆转趋向时，投资者集体非理性的应对无疑又是雪上加霜。

羊群效应一直以来都被研究者认为是引起金融市场动荡不安的祸源。越来越多的研究表明：金融交易的杠杆化使得融资越来越便利，融资额越来越大。而金融资产的证券化则使流动性大大增强。这样，资本市场的一点异动便往往会带来可怕的"羊群效应"，使资本市场瞬间处于过强的买压卖压之中。进而，金融和经济危机就成为一种必然。

这是因为：在金融市场上，当散户所具有的流动性积累到一个不可遏制的规模时，股市的巨大财富效应和随之对房市的推动，在短时期内会因为"羊群效应"的出现，演化为不可逆转的非理性投资热潮。在这种状况下，证券市场价格的高低不取决于所谓价值投资，而是取决于交易双方对未来价格的预期，最终形成了泡沫经济。轻微的泡沫经济会使资金不断地从实体经济流向虚拟经济，使实体经济因资金匮乏而逐渐衰退；严重的泡沫经济会造成经济结构的失衡以及实体经济的衰败，而虚拟经济却表现出欣欣向荣的景象。当价格高到离谱而回落时，泡沫就会彻底被戳破。在股市下跌过程中，投资者的投资心理遭到重创，对股市和房地产等市场失去信心，而金融机构在股市和房地产市场投入的资金同样会遭受巨大损失。此时羊群效应再次发挥作用，一家银行的破产会造成整个金融的恐慌，存款户的"挤兑"和投资者债权的索还，会使大批银行等金融机构破产倒闭，导致金融危机的爆发。金融危机的爆发使本来已存在泡沫经济的国家雪上加霜，并在随后需求的剧烈萎缩下，真实经济也遭到重创，导致严重的经济危机。

对于始自 2008 年的金融危机，早在 1996 年美联储主席艾伦·格林斯潘就在华盛顿发表的讲话中运用了"非理性繁荣"一词来形容股票投资者行为，表示了他对美国股市的担忧。索罗斯批判中也有"一边倒的随大流行为，是引发一场剧烈的市场紊乱的必要条件"，"羊群效应是我们每一次投机能够成功的关键，如果这种效应不存在或者相当微弱，几乎可以肯定我们难以成功"的评述。索罗斯认为，当羊群效应出现时，追随趋势行为加剧，市场的偏差会自我强化，从过度泡沫发展到过度超跌，最终形成市场的大起大落。也就是说，格林斯潘和索罗斯都认为"羊群效应"是此次金融危机的罪魁祸首。

"看着路在车轮下延伸，看着一年年时光飞逝，就像一片片夏日农田，六五年那时我十七岁，我在一刻不停地奔跑……"女友离开的一个午后，阿甘望着自己美丽的花园静静地发呆，突然，他开始奔跑。奇特的是，尽管阿甘一言不发，甚至不知自己为了什么一直奔

跑，但是当他四次穿越美洲大陆后，逐渐有人追随他的脚步，慢慢地，人越来越多，后来有一群人跟着他一起奔跑。当他最终停下来，说自己太累了要回家时，那些人自动退开一条路，但是却不知该何去何从。电影《阿甘正传》所刻画的奔跑画面，正是戏剧化了的羊群效应。不过，恳请各位朋友，千万不可因为"羊群效应"而成为金融市场里的那个"最大的笨蛋"哦！

8. "伯乐相马"的名人效应

一天，伯乐从齐国返回，在路上，看到一匹马拉着盐车，很吃力地在陡坡上行进。马累得呼呼喘气，每迈一步都十分艰难。伯乐对马向来亲近，不由走到跟前。马见伯乐走近，突然昂起头来瞪大眼睛，大声嘶鸣，好像要对伯乐倾诉什么。伯乐立即从声音中判断出，这是一匹难得的骏马。伯乐对驾车的人说："这匹马在疆场上驰骋，任何马都比不过它，但用来拉车，它却不如普通的马。你还是把它卖给我吧。"驾车人认为伯乐是个大傻瓜，他觉得这匹马太普通了，拉车没气力，吃得太多，骨瘦如柴，毫不犹豫地同意了。

伯乐牵走千里马，直奔楚国。伯乐牵马来到楚王宫，拍拍马的脖颈说："我给你找到了好主人。"千里马像明白伯乐的意思，抬起前蹄把地面震得咯咯作响，引颈长嘶，声音洪亮，如大钟石磬，直上云霄。楚王听到马嘶声，走出宫外。伯乐指着马说："大王，我把千里马给您带来了，请仔细观看。"楚王一见伯乐牵的马瘦得不成样子，认为伯乐愚弄他，有点不高兴，说："我相信你会看马，才让你买马，可你买的是什么马呀，这马连走路都很困难，能上战场吗？"伯乐说："这确实是匹千里马，不过拉了一段车，又喂养不精心，所以看起来很瘦。只要精心喂养，不出半个月，一定会恢复体力。"楚王一听，有点将信将疑，便命马夫尽心尽力把马喂好，果然，马变得精壮神骏。楚王跨马扬鞭，但觉两耳生风，喘息的功夫，已跑出百里之外。后来千里马为楚王驰骋沙场，立下不少功劳。楚王对伯乐更加敬重。

伯乐成名后，有个要卖骏马的人，接连三天待在集市上，没有人理睬。这人就去见相马的专家伯乐，说："我有匹好马要卖掉它，接连三天待在集市上，没有人来过问，希望你给帮帮忙，去看看我的马，绕着我的马转几个圈儿，临走时再回过头去看它一眼，我愿意奉送给你一天的花费。"伯乐接受了这个请求，就去绕着马儿转几圈，看了几眼，临走时又回过头去看了它一眼，这匹马的价钱立刻暴涨了十倍。

为什么那些马被伯乐看一眼，或者赞一句，就能"身价十倍"呢？难道是伯乐会魔法，能"点石成金"，能把事前不被人看好的马变成千里马？

其实，答案并不难找，伯乐的这点小把戏，在今天我们就把它称之为"名人效应"！

名人是指在社会上有相当的知名度和一定的美誉度、能够被社会公众在心理上所接受其行为并能产生较大影响的人物。而名人效应指名人的出现所达成的引人注意、强化事物、扩大影响的效应，或人们模仿名人的心理现象。

应该说，"名人效应"自古就有。比如说，中国自南唐李煜起欣赏小脚，以至于此后世代兴起缠足风，一直延续到民国时期。而"东施效颦"的典故，也是由西施的名人效应引起的。就连那个才华横溢、傲气十足的唐朝大诗人李白，在当年求职的时候，也借用"韩荆州"——荆州长史韩朝宗——的大名来给自己打气、壮胆呢！

而在电视连续剧《渴望》热播时，剧中主角惠芳穿的格子服曾

流行一时。热播《霍元甲》时，女孩子们都以留"秀芝头"为荣。在李连杰主演的《少林寺》公演后，中国人对于武术的狂热简直烧到了1000度。当《来自星星的你》在中国上演后，"都教授"就成了中国亿万女韩迷的梦中情人。名人效应由此可见一斑。

对于"名人效应"，俄国心理学家符·施巴林斯曾做过这样一个试验：他把进修班学生分成四组，请一位副教授分别向他们作关于"阿尔及利亚学校教育情况"的讲演。讲演者虽用同样的讲稿和相同的教态，但每次穿不同的衣服，以不同的身份出现。在第一组以副教授的身份出现，第二组以"中学教师"的身份出现，第三组以参加过阿尔及利亚国际赛"运动员"的身份出现，每四组以"保健工作者"的身份出现，结果发现学生对讲演效果的评价有显著差别。由于学生有"不是专家就讲不清教育问题"的心理定势，所以第三、第四组的学员反映，讲演者语言贫乏，内容枯燥无味，教态沉不住气，甚至有人埋怨"白费时间"。而第一组学员普遍地给予好评，认为讲演者"学识渊博'，对问题及其特点研究得很细致，而且语言生动活泼，教态落落大方，因而感到颇有收获。

由这个实验可以看出，出于对名人的信服，人们很容易对名人产生盲从现象，从而轻易地接受名人的暗示，给予名人代言的产品或服务更高的评价。

对于名人效应，还有一个广为传播的笑话：一出版商有一批滞销书久久不能脱手，他忽然想出了非常妙的主意：给总统送去一本书，并三番五次去征求意见。忙于政务的总统不愿与他多纠缠，便回了一句："这本书不错。"出版商便大做广告，"现有总统喜爱的书出售。"于是这些书被一抢而空。不久，这个出版商又有书卖不出去，又送了一本给总统。总统上了一回当，想奚落他，就说："这本书糟透了。"出版商闻之，脑子一转，又做广告，"现有总统讨厌的书出售。"又有不少人出于好奇争相购买，书又售尽。第三次，出版商将书送给总

统，总统接受了前两次教训，便不作任何答复。出版商却大做广告，"现有令总统难以下结论的书，欲购从速。"居然又被一抢而空。总统哭笑不得，商人大发其财。

不过，我们在生活中，更多的是看到人们利用"名人效应"来为商品代言，打广告。以至于电视里、网络里，到处都是形形色色的"明星"广告：格力空调的成龙，特步的谢霆锋，百事可乐的贝克汉姆，耐克的李娜，百年润发的周润发……

这些广告就是将受众对明星的关注转移到对产品的关注，来提高产品关注度和知名度。曾经有人统计，在大多数电视台黄金时段播出的广告节目中，明星广告占到 30% 以上。从心理学角度分析名人广告效应，一是名人的高知名度可以引起高注意率以及视觉冲击；二是由于晕轮效应，扩展到对名人的一切都盲目接受，产生一种爱屋及乌的心理效应，进而接受由他推荐的产品或观念；三是名人常常可以带来一种示范作用，引起人们的模仿。

不过，"名人效应"也并非仅仅是正面的。对于商家来说，如果"名人效应"使用不当，反而会带来负面作用：

其一，名人会产生"喧宾夺主"的效果。由于名人有较高的夺目率，往往会分散人们对广告商品的注意力，容易喧宾夺主。调查结果发现，在名人广告中，记住名人形象的占 82%，记住产品商标名称的占 49%，记错或混淆商品形象的占 45%。数据表明消费者更容易记住明星的个人形象，却忽略了商品本身。

其二，会引发牵强附会的感觉。如果名人与广告产品无任何内在的或明显的联系，会形成牵强附会、不可信的感觉。而且，许多名人不顾自身形象，频繁转换角色，过度曝光。长此以往，人们很难再相信其证言具有真实性，不但无助于广告效果，而且也稀释了品牌含金量，名人自身的价值也会受到贬损。

其三，名人的不良形象会波及企业。明星个人形象参差不齐，一

且其社会名声不好，名人的负面新闻可能会影响到其代言的广告，甚至起到反面的效果。

其四，常常导致广告缺乏创意。名人广告容易本末倒置，广告质量差强人意，广告内容缺乏新意。名人广告将重心都花在了名人身上，对广告的创意等方面关注不多，广告质量不高。

其五，名人广告的投入风险大。高投入的名人广告也伴随着高风险，一方面，名人往往身价惊人；另一方面，根据广告费用分配比例，高昂的名人代言费只占到企业全部广告费的10%左右，还有近80%的媒介费等需要企业支付。针对此，企业一定要事前规划好自己的广告费用，名人广告要在可承受的范围内。

是的，"伯乐相马"这个典故告诉我们，"名人效应"具有很强的市场价值。一件东西（产品、服务甚至是人的品性和能力）一旦得到某个名人的肯定和推荐，其价值就会倍增。不过，从经济学的角度讲，"名人效应"也是一把双刃剑，其在运作过程中有着很多不确定因素。一旦某些庸才借助或冒用名人之名来抬高自己的身价从而达到目的，一旦某些名人不爱惜自己的名誉、信口开河、弄虚作假、道德败坏，一旦"名人代言"泛滥，"名人效应"就会湮灭于云海，失去其"身价百倍"的功效。

因此，善待名人和"名人效应"吧！

二、历史典故里的行为和选择

9. "杯酒释兵权"的博弈解读

在公元960年的正月，赵匡胤利用他手中的兵权，经过周密的部署，在陈桥驿发动兵变，建立了宋朝，史称北宋。赵匡胤也就成了北宋的开国皇帝，尊称他为宋太祖。

宋太祖得到江山后，一直思考着这样的一个问题：自己是利用手中的兵权夺取周的政权的，现在自己手下有些将领也拥有很大的兵权，万一他们也像自己一样发动兵变，自己辛辛苦苦建立的宋朝不就黄了吗？左思右想，宋太祖决定以满足下属将领的物质欲望为手段，和气地解除他们手中的兵权。

在宋太祖做皇帝的第二年（961年），一个月黑风高的夜晚，他准备了丰盛的筵席，宴请石守信等几位握有重大兵权的高级将领。就在大家喝酒喝得高兴的时候，宋太祖开口了："我现在没有一个晚上睡得安稳。我在想要是有人也像我一样，被部下黄袍加身，那结果会怎么样呢？"听了这话，在座的将领们吓得满身大汗，急忙请求宋太祖给他们指出一条出路。于是宋太祖说："你们如果放弃兵权，多买些好地、好房，替儿孙多置备产业，自己饮酒作乐一辈子，我们不是能相安无事了吗？"将领们连连高呼"皇上英明"。第二天，石守信等人就向宋太祖上表称病，请求解除兵权，连忙溜之大吉。宋太祖自然是一言九鼎，给了他们许多金银财物，并给他们每人一个没有实权的荣誉头衔——节度使。

其实，"杯酒释兵权"是宋太祖赵匡胤与整个武将集团的一场博弈。所谓博弈，即一些个人、队组或其他组织，面对一定的环境条件，在一定的规则下，同时或是先后，一次或多次，从各自允许选择的行为或策略中进行选择并加以实施，各自取得相应结果的过程。

从上面的故事看来，赵匡胤的"杯酒释兵权"好像很潇洒，很轻易，颇有一番"谈笑间，樯橹灰飞烟灭"的滋味。但实际上，赵匡胤却为此付出了巨大的代价！

从国家或民族利益的角度来看，应该说，赵匡胤聪明反被聪明误，"杯酒释兵权"完全是他的一大政治败笔。且不说"杯酒释兵权"是否将一帮能征善战的武将手中的军权给剥夺了，也不说这对大宋帝国来说，是否是自断己臂，自残己足，作茧自缚，更不说宋朝后来的饱受外族欺凌与蹂躏是否与此有关，单就"杯酒释兵权"所开的一代风气而言，其后果真的是很严重。

那么，宋太祖赵匡胤在这场博弈里面的成本及收益是什么呢？这个还得细细说来。

根据上面的故事，我们知道，这场博弈是由宋太祖开始的。他思考着自己如何才不会被拥有重大兵权的部下推翻，因此开始了这场博弈的第一步：说服拥有重大兵权的高级将领放弃"兵权"。史载，在"杯酒释兵权"时，赵匡胤曾开导众武将说："人生苦短，白驹过隙。众爱卿不如多积金宝，广置良田美宅，歌儿舞女以终天年。如此，君臣之间再无嫌猜，可以两全。"那话的意思是再明显不过了，只要众将放下武器，不掌兵权，不再对他赵匡胤的皇位构成威胁，那么，其他一切都好说。当然，赵匡胤在这里是慷国家、民族之慨，用《宋史·石守信传》的原话说就是"赏赉甚厚"，给众武将开出了极为优厚的价码。

赵匡胤的得益再明显不过了，只要众武将放弃了他们的兵权，从此以后他就可以高枕无忧，自己的江山从此也会妥妥的了。而他的成本只不过是老百姓缴纳的"皇粮国税"而已。他似乎是在用最小的成本获取最大的收益。

说完宋太祖这边，我们再来看看众武将是什么反应。

据史料记载，宋太祖的武将们几乎清一色的都是些贪财好色之徒。成为贪财好色之徒，让宋太祖不再把他们当成内忧是武将集团选择的第一步策略。

从某种意义上说，"杯酒释兵权"，不啻是赵匡胤给整个武将集团颁发了一张"腐败许可证"。由于有了皇帝亲自颁发的这张"腐败许可证"为庇护，从那之后，武将们都"理直气壮"地进行腐败。必须指出，宋太祖时期的一些武将在内心中起码在最早的时候其实并不想贪污腐败，但因为害怕过于洁身自好被赵匡胤怀疑有不臣之心，于是便只好"作秀"，故意装得自轻自贱、自甘堕落的样子。如石守信原本是一员仁将，虽作战勇猛，但一向重义轻利，可是，自从"杯酒释兵权"事件发生后，他忽然顿悟，从此开始追求声色犬马，疯狂聚敛财物。

不得不说，这么做的武将还是很懂政治游戏规则的。以"兵权"为成本换取骄奢淫逸的生活或许并不划算，但是最重要的是他们的身家性命呀。

不要以为这场博弈就这样结束了，故事还在继续着。

如果说，刚开始由于宋太祖的诱迫，有很多武将一时情非得已，在贪污腐败时只不过是逢场作戏并不当真的话，那么，久而久之，由于人性中普遍所潜在的诸如纵欲享乐等劣根性作祟，便对贪污腐败渐渐习以为常了。

由于自己有言在先，对于武将们的贪墨腐败，赵匡胤是尽量"睁一只眼，闭一只眼"。有时，有的武将在这方面做得实在是太过分了，在必须要处理时，他也尽量高抬贵手，手下留情。

有这样一个例子可以佐证，有个名叫王继勋的武将，是彰德军节度使王饶之子，王皇后的胞弟。据《宋史·王继勋传》记载，这位国舅爷性情残暴，是个贪财渔色、"专以脔割（即将活人身上的肉割成一片一片的）奴婢为乐"的食人魔王。一天，王继勋府中围墙因大雨坍塌，大量奴婢逃出牢笼，跑到宋太祖面前告御状，把王继勋骇人听闻的罪行全都捅了出来。

据说，宋太祖"大骇"之下，对王继勋判决得还挺狠："削夺官爵，勒归私邸。仍令甲士守之。俄又配流登州。"但最终处理起来却是雷声大，雨点小，这边，还没等自己的小舅子王继勋上路前往流放地，那边，赵匡胤早已改授其职为右监门率府副率。由于有恃无恐，开宝三年，王继勋被任命为西京洛阳的行政长官，到任之后，变本加厉地发泄着自己残暴的本性，开始吃人。有了上一次告御状的教训，洛阳百姓对上诉不再抱持希望，只能听天由命，任其宰割。

据统计，直到太宗在位王继勋被处死时，仅在开宝六年到太平兴国二年这短短的 5 年时间里，王继勋前后亲手杀掉和吃掉的奴婢就多达 100 多人。这样一个十恶不赦的食人恶魔，如果不是赵匡胤有意庇护，想必绝对不会吃人吃得这么不亦乐乎，逍遥自在。

恐怖故事到此结束，接下来我们得用经济学家的思想来审视一下这场博弈进行到第二轮时双方的收益与成本。

曾经洁身自好的武将最后一个个都变成了"恶魔"，面对这样的情况，宋太祖有两种选择：一是严惩不贷，让武将集团恢复从前的重情重义；二是继续视而不见，任其腐败。想必宋太祖他老人家在经过了一番激烈的思想斗争后，还是选择了后者，因为在他看来，前者的收益大于后者。

赵匡胤的这些小恩小惠、耍小聪明的做法确实有效。由于赵匡胤所采取的"以腐败换兵权"的政策或策略，除了在立国之初相继发生了两起由后周旧臣李筠、李重进所发动的叛乱外，此后，在大宋帝国内部，300多年间竟然再也没有发生过一起类似"黄袍加身"的政治事变。

不过，他似乎忘记了考虑成本。上文提到过，北宋最终因为无将可用，饱受外族欺凌与蹂躏，同时，国内民不聊生，百姓深受官僚残害，怨声载道。高枕最终没能无忧。

再来看武将集团在这场博弈中最终的结局。

虽然武将集团当时有奋起反抗和继续腐败这两种选择，但是宋太祖放纵和无视的态度，使得他们不再是被迫选择腐败，而是自然而然地继续腐败。他们的收益自然是安逸的生活，世代的富贵，纵欲的灵魂等等，在当时看来，他们是完胜了，可是纵观历史，他们背负的骂名，以及最后的覆灭，是太过沉重的成本。

这场博弈究竟谁胜谁负，鄙人才疏学浅，实在是不能给个最后的定论，不过可以肯定的是，双方在博弈过程中先后选择的都不是各自的上策。

10. "投其所好" 的激励原理

北宋年间，朝廷派寇准去地方任职。满心喜悦的寇准到了地方才吃惊地发现，自己接手的竟然是一个烂摊子。原来，寇准所管辖的地域和附近的州县正在遭遇粮荒。

寇准的下属官吏们都知道他碰上了非常棘手的问题，生怕不小心触怒了他，所以都格外小心。可寇准好像事不关己一样，每天仍旧是说说笑笑地处理着公事。忽然有一天，寇准带着几个官吏找到了当地最大的富商。这个富商不仅家财万贯，而且在当地极有影响力，并且在这次灾害中囤粮囤得最多。富商知道寇准是为粮食来

的，死活咬定自己根本没有囤积粮食，而且还信誓旦旦地让寇准去查验。眼看屋子里的气氛越来越尴尬，在场的所有人都不敢大声喘气。

寇准慢悠悠地喝了口茶，轻声说道："王法可约束不了饿坏了的灾民！你这里最好没有囤积粮食，否则我找不到的东西，饿红眼的灾民还找不到？"说着，寇准站起身来，背着手悠闲地向外走去。富商听了寇准的这句话，顿时出了一身冷汗，连忙跑到寇准面前，满脸赔笑地把寇准重新请回了上座。寇准重新坐下之后，富商像变了个人一样，慷慨激昂地表示愿意为国家分担责任，虽然自己没囤积粮食，但愿意将家里的存粮全部用来赈灾。

当地的富商知道这件事情之后，尤其是看到最有权势的富商都在寇准面前服服帖帖的，连忙赶着跟着放粮赈灾。当地再也没有饿死人的事情发生。

然而，单凭当地富商们囤积的粮食和上面拨下来的钱粮还不能从根本上解决问题。正当大家眼巴巴盼着寇准去和上司要粮的时候，没想到寇准却托人转告上司最近自己得到了一幅名画，请他到自己的辖区赏画。

谁都没想到，上司听说寇准得到了名画，立刻推掉了其他的公务，赶了过来。在酒席上，上司失望地发现寇准得到的不过是一幅赝品，于是便以行家的眼光数落了几句。寇准不仅没生气，而且还听得非常仔细，本来就痴迷丹青的上司这下子可打开了话匣子，跟寇准足足聊了两个时辰。

酒足饭饱之后，寇准便陪同上司去街上考察民情。虽然寇准的前任曾经不止一次请上司来这里，但大都被上司推掉了。灾情爆发之后，上司还是第一次来到这里，并且被眼前的景象深深震撼了！上司默然无语地看着满街面黄肌瘦的灾民，红了眼睛……几天之后，大量的赈灾粮款就下拨到了寇准的手里。钱粮一到之后，平日里嘻嘻哈哈

的寇准立刻严肃了起来，夜以继日地安排着赈灾事宜。到任不到一个月，寇准彻底稳定了灾区的形势，挽救了无数灾民的生命，在民间获得了极高的声望！

后来，一个老朋友知道了事情的来龙去脉，情不自禁地夸起了寇准。"都说你寇准文章写得棒，学问大得不得了。可我看你最大的学问就是为人处世的学问！"寇准不好意思地笑着说道："每个人都有自己所喜好的东西，有的人好财，有的人好名，有的人好权，要想让这不同的人都为你办事，就得顺势而为，顺应他们的喜好而随机应变。那些囤积居奇的富商无非是为了多赚几个银子，可一旦他们明白了饿疯了的灾民们很可能让他们血本无归时，权衡之下，肯定会选择最小的损失；而我的上司喜欢丹青，为了请他来体察民间疾苦，就必须有让他提得起兴趣的事儿！"

寇准为什么能达到自己的目的呢？答案是他很好地运用了投其所好这一技巧。

那么投其所好是什么意思，又表达了怎样的经济学思想呢？

投其所好所表达的经济学原理，即人们会对激励作出反应，只有投其所好，激励才能达到其预想的效果；不投其所好的激励不仅不会达到其预想的效果，反而会引起扭曲，使事情走向反面。

美国著名经济学家曼昆（Mankiw）在其著名的经济学教科书《经济学原理》中，总结了经济学的十大原理，其中第四条就是"人们会对激励作出反应"。曼昆说，人们在行动时，总会比较行动的成本和收益，然后才作出决策。但成本或收益变动时，人的行动也会改变。不同的激励机制却会改变行动的成本与收益比，从而改变人的行为。因而，人会对激励作出反应。例如，当苹果的价格上升时，人们就会多吃梨少吃苹果，因为购买苹果的成本高了。同时，苹果园主决定雇佣更多工人并多摘苹果，因为出售苹果的利益也高了。此外，曼

昆还列举了公共政策的改变所带来的激励。例如，对汽油征税，就会鼓励人们开小型、节油型汽车，鼓励人们坐公共汽车，并鼓励人们在离自己住得近的地方工作……

是的，人是激励的动物！不仅会面对价格的变化而调整自己的市场行为，也不仅会面对公共政策的调整而改变自己的决策，而是在作任何决策、采取任何行动时，都会考虑其所面临的激励和约束，只有行动的收益大于成本，他（她）才会行动。因此，我们在与人打交道、搞管理、做市场、出政策时，首先要考虑的应该是对方需要的是什么？我要给他（她）什么好处才能激励他（她），才能使其按照自己的预想去行动？然而，每个人的喜好是不同的，有的人爱财，有的人好面子，有的人贪权，有的人好色，有的人喜欢别人的恭维，有的人你不骂他他反而感觉不自在，有的人追求安逸，有的人却热衷 party……因而，没有"放之四海而皆准"的激励机制，我们无法用一种模式去激励不同喜好的人，只有投其所好，针对不同人的不同喜好而采取不同的激励措施，才可能"事半功倍"，取得良好效果。

然而，困难的是，在人类所面临的诸多问题中，对人的激励是最棘手、最费心费力的，人们常常无法设计出合适的激励机制来解决对人的激励问题。这是因为：第一，每个人的喜好是不同的，如果专门针对每个人而设计一套激励机制，成本无疑太高，因而现实中的激励机制基本都是针对共性来设计，这就忽略了人的个性喜好。第二，每个人的喜好是一种私人信息，我们多数情况下很难知道别人的喜好是什么，要想知道，就得花时间、金钱去了解去打听。但这样做，对于一个组织来说，尤其是人数众多的组织而言，无疑成本太高。因而，组织不可能对每个员工都"投其所好"。第三，人的喜好常常会发生变化，今天喜欢吃豆腐、明天可能就喜欢吃鱼了；昨天对美女趋之若鹜、今天可能就是一个居家好男人了……对于这样的人类，你说，要做到"投其所好"，不断地激励他（她）按照你的期望或组织的期望来采取行动，难道不是天方夜谭的事情吗？因而，激励机制设计是所有的组织和所有的管理中所面临的难题，许多家庭、企业、社团和国家，就是因为激励机制的设计不善、不好而破裂、垮塌的。

所以，对人的激励就成了组织治理中的中心环节。对于一个国家来说，如果其基本经济和政治制度不能调动人的积极性，不能按照人的"逐利"本性来设计激励机制，这个国家就会走向失败甚至灭亡。历史上，一些国家之所以走向人亡政息，其根本原因就在于激励机制出了问题。

对于一个企业来说，所谓的公司治理其实质就在于解决两个激励问题：一个是如何激励公司高管，尤其是公司经理，使其能按照股东的利益而不是自己的私人利益行事，从而减少代理成本。我们知道，在现代企业，公司所有权和经营权基本上是分离的，公司的所有者常常并不是自己管理企业，而是委托所雇佣的经理人员来管理。此时，就会产生一个问题，即委托代理问题。这就是，由于作为代理人的公司经理等管理人员常常有着与股东不一样的私人利益，他们会利用自己的信息优势、知识优势来做损害股东利益的事情，比如偷懒、在职消费（为自己建设豪华的办公室、购买豪华的游艇和汽车、公款吃喝等等）、侵吞公司钱财、安排自己的亲人进公司任职……正是因为委托代理问题的存在，所以对公司高管的激励就成了公司治理的核心之一。在所有的对公司高管的激励机制中，股权激励计划、年薪制、来自市场的竞争等制度是其中一些已被实践证明为比较有效的制度安排。另一个是如何激励员工努力工作。员工是否努力、是否有创造性地工作会极大地影响企业的生产、销售，也会影响企业的经营管理成本。因而，一个企业必须建立起完善的激励机制，能不断地激励员工努力、创造性地工作。在对员工的激励中，合理的薪酬体系、表彰和

奖励制度、企业文化等是不可或缺的。

总之，我们要记住，激励问题很重要，搞好搞对激励是事业成功的关键。

11."破釜沉舟"的威胁悖论

公元前207年，秦军三十万人马包围了赵国巨鹿，赵王连夜向楚怀王求救。怀王接到赵王求援的书信，赶紧准备援军，派宋义为上将军，叫他带着次将项羽、末将范增等二十万人马北上去救赵国。

由于宋义的优柔寡断和独断专行，项羽杀了宋义，自己做了将军。

一朝权在手，便把令来行。项羽担任援赵大军的主帅后，下令士兵每人带足三天的口粮，然后又下令砸碎全部行军做饭的锅。将士们都愣了，项羽说："没有锅，我们可以轻装前去，立即挽救危在旦夕的赵国！至于吃饭嘛，让我们到章邯军营中取锅做饭吧！"大军渡过了漳河，他又传下命令：把渡河的船（古代称舟）凿穿沉入河里，把附近的房屋放把火统统烧毁。这就叫破釜沉舟。项羽用这办法来表示他有进无退、一定要夺取胜利的决心。战士们一看退路没了，心想，这场仗如果打不赢，就谁也活不成了；只有拼命死战，才是唯一的生路。

项羽指挥楚军很快包围了王离的军队，在其亲自指挥下，他们以一当十，以十当百，个个如下山猛虎，拼死地向秦军冲杀过去，同秦军展开了九次激烈的战斗。沙场之上，烟尘蔽日，杀声震天。楚军将士越斗越猛，直杀得山摇地动，血流成河。经过多次交锋，楚军终于以少胜多，把秦军打得大败，杀死了秦将苏角，俘虏了王离，涉间被打得走投无路，放火自焚而死，章邯带着残兵败将急忙后退。那些旧贵族派来的援军，看到项羽大获全胜，又是佩服，又是害怕。这一仗不但解了巨鹿之围，而且把秦军打得再也振作不起来，过了几年，秦朝就灭亡了。

项羽所采用的破釜沉舟的策略为什么能成功呢？关键就在于他所作出的承诺（威胁）是可信的，他使士兵们相信破釜沉舟后，退无可退，唯有死战，才能存活。

所谓承诺，在囚徒困境中就是囚徒向对方相互许诺，在下一次博弈时会采取对对方有利的行为，也就是与对方合作不坦白；所谓威胁，就是某个囚徒告知对方如果下一次博弈时其采取招供策略而不合作，在下下一次博弈时他就会采取不利于对方的策略即招供。

其实，社会生活中，承诺与威胁是惯用的博弈伎俩。比如女生告诉她男朋友，如果他敢结交其他的女生，只要被发现一次，就立刻分手，这是威胁；而她男朋友向她发誓自己绝对是个用情专一的情圣，决不会背叛爱情，这就是承诺……

那么，在经济学看来，承诺和威胁具有什么作用呢？在什么情况下，承诺或威胁是起作用的？在什么条件下，又是无效的呢？

在博弈论里，承诺和威胁所起的作用有二：一是，作为一种博弈策略，通过承诺或威胁为自己在博弈（讨价还价）中占据更有利的位置、获取更大的收益。如在国际贸易谈判中，一方可能威胁另一方说，如果不降价，就退出交易选择其他公司来展开贸易。二是，通过承诺或威胁来促进合作，约束对方的机会主义行为。如，在企业合作中，一方会威胁另一方说，如果你采取机会主义行为，我将永远不与你再合作。

然而，并不是所有的承诺或威胁都能达到预想的效果，承诺或威胁要其作用，需要一个前提条件，那就是，所作出的承诺和威胁必须是可置信的。如果一个承诺或威胁是不可置信的，那它就是无效的，

这就是 1994 年诺贝尔经济学奖得主泽尔腾（Selton）所谓的"空洞威胁/承诺"（empty threat/commitment）。空洞威胁/承诺之所以不可置信，没有效果，就在于将威胁/承诺所声称的策略付诸实践对于威胁者/承诺者本人来说比实施非威胁/承诺声称的策略更不利。所以，人们就没有理由相信这种威胁/承诺。

现实生活中，随处可见"空洞威胁"。例如，一家在位企业可能会说，如果进入者进入的话，自己将不计成本进行打击，直到进入者退出该市场为止。可是，这样的威胁常常是无效的，因为给定进入者进入后，在位者选择默认而不是打击，其获益将更高。

空洞的承诺同样到处可见。如一些房地产企业，在一期楼盘开盘销售时，经常会作出"永不降价"的承诺。然而，这样的承诺是连它自己都不相信的。因为，市场是无情的，当房地产市场步入衰退，成交量急剧萎缩时，这些房地产企业的唯一选择降价销售以求回流现金、度过严冬、存活下去，哪里还顾得上曾经的承诺？

那么，怎样才能让承诺或威胁变得可信呢？显然必须形成一种形势，在这种形势之下，如果所声称的威胁没有实施，那么声称者将有更大的损失。

比如说一家垄断企业为了阻止其他企业进入该领域，威胁说如有企业参与竞争，自己将对其实施打击，不惜两败俱伤。很显然，这是一个空洞的威胁，毕竟真正实施打击带来的两败俱伤要比两家企业共同占有市场要差得多，因此其他企业可以完全不理会空洞威胁。但是如果该企业通过一定方式，产生了如下的形势，即如果所声称的打击威胁没有实施，那么该企业的声誉将会受到严重损害，这样一来，威胁便是可信的了。

因此，历史上，一些聪明的个人、企业和政府就经常利用可置信的承诺或威胁来低成本地达到自己的目的。

从"破釜沉舟"的例子及分析中，我们可以看出，承诺和威胁

作为一种博弈策略，自古以来就被广泛应用于许多领域。然而，有些承诺和威胁是有效的，有些是无效的。一项承诺或威胁要有效，必须是可置信的；不可置信的承诺或威胁是空洞的。

12. "鱼目混珠"的考核困难

从前，在街市上，住着一个名叫满意的人。有一次，他到一个很远的地方办事，在一家绝不起眼的铺子里，他用身上所有的钱和带着的所有值钱的物品，买到一颗径长一寸的闻所未闻的大珍珠。回到家后，满意用最好的材料做了一个盒子，上面镶嵌了金银和其他宝物，然后把那大珍珠放在里面，严密地收藏着。只在大的年节，他才拿出来给二三知己看。

满意有个邻居名叫寿量，也听到满意获得一颗大珍珠的事。看到别人谈论时脸上那种企慕之色，有好几次他都想把家里密藏的祖传大珍珠，拿出来同满意比一比。只是碍于祖宗"不可轻易示人"的遗训，这才作罢。

事有凑巧，不久两人都得了一种奇怪的病，卧床不起。四处问卜求医，古怪稀奇的东西吃了若干，只是病不见有任何起色。一日街上走来一个游方郎中，说能医治各种疑难杂症。也是病急乱投医，两家人都把郎中请到家里。郎中看了看病人，说这种病需要珍珠粉来合药，才能药到病除，匆匆写了一个方子，就走了出去。可是满意说什么也不肯残损那颗稀世之珍，所以就只吃了方子上的药；寿量则忍痛吃了用家传珍珠粉合的药。几天以后，游方郎中来到满意家问病况如何，满意如实以告，郎中说，"我能否看看你的珍宝？"满意打开盒子。"果然是不世之珍！"郎中道，"你为什么不拿着它到外面更大的世界去展示它的风采呢？"

而寿量告诉郎中，自己吃了药却没什么作用。"那么你把所用的珍珠给我看，"郎中说。不得已，寿量挣扎着拿了出来。郎中一看，大笑着说："这哪是什么珍珠，这是海洋中一种大鱼的眼睛。真是鱼目混珠，哪能治好你的病啊！"

后来的人们就用"鱼目混珠"来比喻以假乱真，以次充好。其实，在现实中，到处充斥着鱼目混珠的事情。在劳动力市场上：有的能力平平者偏说自己具有经天纬地之才，有的道德败坏却故作道貌岸然，有的就像《围城》里的方鸿渐拿着"克莱登大学"的文凭混饭吃……在产品市场里：有"山寨"产品在流行，有赝品字画在展出和高价售卖，有假烟假酒假药等在祸害他人健康，有血统"纯正"的名犬和名花；在资本市场上：有精心包装的垃圾股，有吹嘘的天花乱坠的非法集资……

为什么鱼目混珠的事情源源不绝呢？主要原因就在于量度和考核是非常困难和成本高昂的，有时甚至是不可能的。

人类社会存在这样一种状况，即人的知识是不完备的、人与人之间是信息不对称的、契约是不完全的。正是因为这样，就使得一些人有了利用鱼目混珠等伎俩来蒙骗他人的空间。而为了防止"鱼目混珠"式的欺骗，人类就有了对量度和考核的需要。

然而，量度和考核本身也是需要成本的，甚至有时候，量度和考核几乎难以实施。是的，在现实中考核任何物品的品质都有困难。"你要知道苹果的滋味，你就得亲口尝一尝"。这当然管用，但差不多只能对付最简单的品质考核。复杂的呢？彩电的质量如何，当然你可以亲眼看一看，但是你看到的"那一片刻"的质量，究竟可以维持多久？更复杂一点，考核钻石首饰的真伪，莫非"你就得亲手砸一砸"？那些仿真度非常高，高到连专家都可能看走眼的古董和字画呢？你又如何量度和考核呢？更不用说，对人的努力、品质和能力的考核和量度。

此外，直接量度和考核在许多情况下往往无法进行，如你的心理价位是什么、一个大学老师的知识拥有量和教学水平如何等等。于是人们就发明了替代性量度和考核（Proxy Measure）这一类方法。什么叫替代性考核呢？举个例子，苹果味道最直接准确的考核办法是品尝，但这种考核办法信息费用很高。比如你要买一筐苹果，难道你要每一个都去尝一下，以确定是不是所有的苹果都甜，都合乎你的口味？这样做，无疑代价太高。于是，人们就想出了用其他的方法来代替直接的量度和考核，即用替代变量来考核，因为苹果的味道与颜色有相关性，而颜色是可以用肉眼观察的，即获取信息的费用低，于是就用颜色来考核味道，这就是替代性考核。好处是获取信息的费用低，但准确性下降。尤其是，替代变量如果是可以低成本改变的，考核会完全失真。比如说，用颜色来考核味道，这样一来，某些违心的商人就会对苹果进行染色和加鲜，让你不知不觉中再次陷入"鱼目混珠"的圈套。

而且遗憾的是，替代性量度和考核办法还会带来激励的扭曲，尤其是在多任务情况下时。如，在大学里，教学和科研是教师的两项基本任务。如果偏重教学，让学生给老师打分来量度和考核一个教师的教学水平，此时，一是会导致老师千方百计地讨好学生，如给学生高分、平时请学生吃饭喝酒；二是会导致教师对科研的忽视，他们会置科研于不顾。如果偏重科研，以发表论文的多少和刊物即便来考量教师的科研能力，此时，一会导致教师对教学的轻视和学生的忽悠，而把主要精力放在科研上；二会导致他们的学术造假，许多教师会想方设法找人代写、代发论文，或者抄袭他人成果，或者花巨额版面费去发一些所谓的核心、所谓的权威期刊论文。

对于量度和考核问题，美国经济学家巴泽尔曾做了先驱性的工作。我国的学者张五常、周其仁、朱锡庆等人也对量度和考核问题做了深入研究。他们的研究告诉我们以下几点：第一，由于信息不对称等原因，人们会利用"鱼目混珠"等机会主义行为为自己牟利，因

而，量度和考核是必需的。第二，量度和考核往往是费用不菲的。一些活动和产品特性不能用直接的方法来进行量度和考核，此时就需要寻找替代性方法。但不管是直接还是替代性考核，都需要成本。第三，替代性考核有时会失真，而且还可能带来许多激励扭曲。第四，产品的品质越难以直接检验和识别，分摊考核费用的模式就越复杂。第五，为了有效地考核品质并降低考核成本，需要各种各样的（考核）专家系统。第六，考核是容易出错的，为了减少考核出错，包括专家考核的出错，社会还需要投资于一些特别的组织、机制和制度。第七，如果不能有效地减少考核出错，产品品质的生产过程就一定会受到连带影响。

由此，我们可以看出，鱼目混珠的存在是必然的，而且还会一直存在下去；而造成鱼目混珠的原因在于量度和考核的困难。

（漫画引自中青在线 2009 年 7 月 16 日，"学术造假"，王真）

13. "滥竽充数"的搭便车行为

古时候，齐国的国君齐宣王酷爱音乐，尤其迷恋竽声，于是召集了300个善于吹竽的乐师为他演奏。而且，齐宣王喜欢热闹，爱摆排场，总想在人前显示做国君的威严，所以每次听吹竽的时候，总是叫这300个人在一起合奏给他听。有个叫南郭先生的人听说齐宣王有这个癖好，觉得有机可乘，是个赚钱的好机会，就跑到齐宣王那里，吹嘘说："大王啊，我是个有名的乐师，听过我吹竽的人没有不被感动的，就是鸟兽听了也会翩翩起舞，花草听了也会合着节拍颤动，我愿把我的绝技献给大王。"齐宣王听得高兴，不加考察，很痛快地收下了他，把他也编进那支300人的吹竽队中。这以后，南郭先生就随那300人一块儿合奏给齐宣王听，和大家一样拿优厚的薪水和丰厚的赏赐，心里得意极了。其实南郭先生撒了个弥天大谎，他压根儿就不会吹竽。每逢演奏的时候，南郭先生就捧着竽混在队伍中，人家摇晃身体他也摇晃身体，人家摆头他也摆头，脸上装出一副动情忘我的样子，看上去和别人一样吹奏得挺投入，还真瞧不出什么破绽来。南郭先生就这样靠着蒙骗混过了一天又一天，不劳而获地白拿薪水。可是好景不长，过了几年，爱听竽合奏的齐宣王死了，他的儿子齐湣王继承了王位。齐湣王也爱听吹竽，可是他和齐宣王不一样，认为300人一起演奏实在太吵，不如独奏来得悠扬逍遥。于是齐湣王发布了一道命令，要这300个人好好练习，做好准备，一个个轮流吹竽给他欣赏。乐师们知道命令后都积极练习，想一展身手，只有那个南郭先生急得像热锅上的蚂蚁，惶惶不可终日。他想来想去，觉得这次再也混不过去了，只好连夜收拾行李逃走了。

这就是"滥竽充数"这个成语的由来，我们多数人对这个故事都不陌生，甚至可能还有着跟南郭先生一样的经历。在我们的记忆中，很多次，唱校歌时我们可能只张张嘴，却根本不发声唱出来；上课时，老师叫全班一起背诵课文，我们可能只摇头晃脑地发出一些连自己都听不明白的声音以示自己也在背诵；老师提问时，当发现很多同学都举手，我们也会把手举起来，装作很积极的样子……等到了工作岗位，我们的滥竽充数的功夫就更精到了，如果是一个团队一起工作，我们就会假装很努力，尤其是在领导面前或面临检查时……

而在经济学的视角里，滥竽充数是一种搭便车行为，而且只要有集体行动，就可能存在滥竽充数这种搭便车的行为。如果一个社会充斥着滥竽充数的行为，这个社会就会深受其害，这是因为：一是滥竽充数会造成集体行动的低效率；二是滥竽充数会增加组织的管理成本和协调成本；三是滥竽充数降低对组织的认同感和忠诚感，造成消极的集体文化。

那么，为什么在集体行动中，会出现"滥竽充数"式的搭便车行为呢？原因有二：

一是集体行动（公共品供给）中个人付出和所得的不一致。公共物品是"能对所有社会成员供给同等数量的物品"，如治安、消防、国防、法律、制度、规制、政策等都是公共物品。公共物品具有两个特性，一个是非排他性，一个是非竞争性。非排他性是指"每个人的消费都不会减少任何其他人对这一物品的消费"，即"排除他人消费的不可能性或无效率"；非竞争性是指"一个人享用一种公共物品并不减少另一个人使用它的能力"。比如，稳固的国防是由全体公民共同享受的，它既不专属于某人，也不因某人的使用影响其他人的使用。又比如，优美的校园环境是每一个学校成员所共有的，不会因为你的赏心悦目减少了别人观景的愉悦。集体行动是为增进集体的

利益而由集体成员所采取的行动，在某种程度上来说，集体行动也是一种公共物品，因为很难排除集体中的某个成员消费集体行动所带来的利益，而且很多时候，增加一个人消费，集体中的其他成员的消费并不会因此而减少。

经济学理论认为，在公共物品的供给和集体行动中，会存在搭便车行为。这是因为公共物品的生产和消费中存在着较大的"外部性"，公共物品的成本与收益在消费者和生产者之间存在着不一致。在通常情况下，对于消费者而言，公共物品的个人收益大于社会收益，个人支出成本低于社会成本；而生产者的收益则小于社会收益，生产成本高于社会成本。在这种情况下，理性的个体出于自利的考虑，就不愿为公共物品的供给而付费，而只想其他人提供公共物品，自己则坐享其成，免费消费公共物品。

二是由于信息不对称，很难对集体行动中的个人行为进行监督、对个人贡献进行度量也比较困难。信息不对称是指在交易时，信息在交易的各方中的分布是不均匀的，有的交易者所掌握的信息多、准确，而有的交易者所掌握的信息少、不准确。当存在信息不对称时，信息占优的一方就会利用自己的信息优势采取对自己有利的行为，这些行为包括逆向选择行为和道德风险行为。逆向选择是由事前信息不对称所产生的，是指交易一方在签约之前已经掌握某些交易对方所不了解的信息，他可能会用这些信息签订对自己有利的合同而使交易对方由于信息劣势处于不利的选择位置上。如我们在找工作时，多数人会隐藏自己曾经的劣迹，而夸大自己的能力甚至是编撰一些动听的故事……道德风险是由事后信息不对称所引起的，是指签约后交易一方可能会利用信息优势在使其自身效用最大化的同时做出损害交易对方利益的行为。如人们购买了车险之后会降低行为的谨慎性，因为损坏的损失会由保险公司来承担；在我们成为公司的一员后（尤其是在固定工资制度下）可能不再像我们当初签约时所承诺的那样努力工作……

在人们合作以采取某种行动或提供公共物品时，成员的贡献究竟多大有时是很难量度的，管理者只能观测到共同的产出，而成员的个人产出却由于成员之间的相互依赖性会变得模糊，无法精确区分单个成员的贡献。在监督不完全、量度不可能的情况下，有些人就会搭便车，滥竽充数以获取更多的收益，如在团队生产中，有些人就会出工不出力，表明上努力，实际上在偷懒。如果组织采取一些措施，以加强监督和更精确地量度每个人的贡献，信息不对称的程度可能会有所减少。然而，监督和量度都是有成本的，而且这个成本可能很高，高到组织无法承担。此时，基于个人业绩的激励机制就很难建立，所以，组织往往采取团队激励方式，这就为滥竽充数者提供了可乘之机。并且集体人数越多，组织规模越大，生产过程越复杂，监督和量度就越困难，信息不对称程度就越严重。此时因搭便车而引起的滥竽充数现象也会越严重。

由此可见，在集体行动中，"滥竽充数"的南郭先生的出现几乎是不可避免的。而且，搭便车的南郭先生越多，有效的集体行动就越难以实现。那么，集体行动中，怎样才能避免出现过多的搭便车行为呢？

奥尔森等人的研究告诉我们，有效的办法是：一要加强信息沟通和信息公开，减少信息不对称；二要减少集体成员数目；三要进行选择性激励和惩罚；四要加强信仰教育和道德自律。唯有这样，那些随意搭便车的南郭先生才会减少，滥竽充数才会得到有效遏制，集体行动才会变为可能。

14. "朝令夕改"的信用代价

晁错是西汉时的著名政治家，他曾提出不少对国家政策重要的建议，因此有"智囊"的美称。汉文帝时，晁错眼看当时农民与商人贫富悬殊，农民通过辛苦的耕种才得些许粮食。政府征收粮食的时间和标准，常常早上的规定，到了晚上就改变了。农民们为了急于纳税，有存粮的只有被迫将粮食半价卖出，没存粮的只得用加倍的利息向人借贷，或者卖掉田地房屋，甚至卖掉自己亲生的儿孙来还债。商人趁着人们需用很急的时候，将积存的货物卖掉，获得暴利。这种情况严重地影响了当时的农业生产。所以，晁错向汉武帝上了一篇《论贵粟疏》，力陈农业是立国之本，朝廷应该抬高粮食的价格，鼓励人民从事耕种，并让有钱的商人捐钱买爵。国家有了充足的存粮，赋税就可以减轻，人民就能安居乐业，国家就会富强安乐。因此，晁错建议汉文帝不要"赋敛不时，朝令而暮改"。

"朝令"之所以要"夕改"，可能有多种原因：一是社会情势在较短时间内出现重大变化，政府需要通过紧急调整政策来应对。二是政府在作决策时并没有掌握充分的信息、经过充分的论证和充分听取民意。三是由于某些政府官员为获取私利或者受某些利益集团的挟持和收买，在发布某种政令时，并没有考虑大多数人的利益……

那么，朝令夕改到底会产生哪些危害呢？

第一，朝令夕改会动摇政策或制度的稳定性和延续性，从而削弱其效果。制度对经济发展和组织效率提升的意义不言而喻，没有一个好的制度，任何国家或企业都是难以良性、持续发展的。好的制度会为经济发展提供有效的产权保护、激励人们投资于生产性领域、促使人们努力工作和积极创新、抑制人的机会主义行为和减少交易费用。然而，好的制度要起作用，需要一个前提，就是制度本身要保持一定的稳定性和延续性。这是因为，政策或制度是人们的行为依据，为人们提供某种预期，使人们在采取不同的行为时，能计算出这些行为的成本与收益，在比较各种行为的净收益后，人们通常会采取使自己利

益最大化的行为。一旦政策或制度是稳定的，人们的预期也就是稳定的，从而作出决策时面临的不确定性就会大为减少；而一旦政策或制度"朝令夕改"，那么这些政策或制度就失去了其应有的引导性功能，它们不仅不会给人们带来稳定的预期，反而会加剧人们面临的不确定性，使人们无所适从，难以作出好的决策。因此，在"朝令夕改"的环境下，人们会尽可能减少投资，从而导致经济增长缓慢。

第二，朝令夕改会严重损害政府的威信，使政府丧失其公信力。其一，政府对自己所作出的政策在短时间内出现反复，百姓就会对政府的决策能力产生怀疑，政策也失去了其应有的严肃性。其二，由于政策变动，政策执行者也会对政策产生困惑，不能准确理解和把握政策，从而导致执行中出现诸多偏差和问题，导致政策无效甚至是起负面作用。其三，政策的反复极大地浪费了社会各方面的资源，如立法成本、宣传贯彻成本等。

第三，导致社会无法生成出合理、有效的规则和秩序。社会规则和秩序的形成是一个逐渐演化的过程，在这个过程中，政府政令的稳定性和合理性至关重要。如果政府政令合理、稳定、具有前瞻性和公正性，那么就会引导社会规则和秩序向好的方面循序渐进的演化，生发出一种合理的、有效率的、较公平正义的社会规则和秩序。而如果政府朝令夕改，就会导致以下后果：一是搅乱规则和秩序的演进路线，因为民众在推动规则和秩序演进时，常常会依照政府政令来进行，如果政府朝令夕改，就会导致他们无所适从，从而搅乱社会规则和秩序的演进方向；即便民众能寻找到一种突破政府政令约束的代表未来发展方向的演进路径，但其成本也可能会因为政府朝令夕改而增大许多。二是，朝令夕改下，人们找不到一种可以参照的价值观体系，主流价值观的建立，进而社会规则和秩序的生成都会因此而受到阻碍或延迟。

因此，"朝令夕改"要不得！

（漫画引自新华网 2011 年 8 月 30 日《"加名税"朝令夕改引发集体困惑》）

15. "东施效颦"的创新/模仿

春秋时代，越国有一位美女名叫西施。她的美貌简直到了倾国倾城的程度。不过，西施患有心口疼的毛病。有一天，她的病又犯了，只见她手捂胸口，双眉皱起，流露出一种娇媚柔弱的女性美。当她从乡间走过的时候，乡里人无不睁大眼睛注视。

乡下有一个丑女子，名叫东施，不仅相貌难看，而且没有修养。她平时动作粗俗，说话大声大气，却一天到晚做着当美女的梦。今天穿这样的衣服，明天梳那样的发式，却仍然没有一个人说她漂亮。

这一天，她看到西施捂着胸口、皱着双眉的样子竟博得这么多人的青睐，因此回去以后，也学着西施的样子，手捂胸口、紧皱眉头，在村里走来走去。哪知这丑女的矫揉造作使她原本就丑陋的样子更难看了。其结果，乡间的富人看见丑女的怪模样，马上把门紧紧关上；

乡间的穷人看见丑女走过来，马上拉着妻、带着孩子远远地躲开。人们见了这个怪模怪样模仿西施心口疼在村里走来走去的丑女人简直像见了瘟神一般，纷纷躲避，并以"东施效颦"来讽刺那些不清楚自己的短处，而只盲目模仿别人的人。

是的，在许多人眼里，东施是个应该被嘲讽的对象。因为，她想通过模仿而变成沉鱼落雁、人见人爱的西施。不过，在经济学家看来，东施的行为其实是一种理性的行为：在创新的成本足够高的情况下，模仿是一种可取的低成本行为。而且，就一国尤其是发展中国家来说，在实现经济增长的过程中，同样也会面临"东施效颦"的问题：是通过模仿发达国家的技术和发展模式来获取经济起飞，还是以创新的姿势、通过技术和制度创新来探索出一条独一无二的发展道路呢？

现代经济学研究表明，一国经济的增长主要决定于以下三个因素：（1）各种生产要素，包括劳动力和资本，尤其是资本的增加；（2）生产结构从低附加值的产业向高附加值的产业的升级；（3）技术的进步。其中，最重要的是技术进步。据索罗、罗默、巴罗等经济学家的研究，技术进步在解释现代经济增长中起了超过 2/3 的作用；换言之，技术进步是经济增长的主要源泉。因而，一国与发达国家的技术差距及该国的技术进步状况决定了该国赶超发达国家的时间长短，一国与发达国家的技术差距越大，其实现赶超的时间越长；而一国技术进步越快，越可能尽快实现赶超。

实现一国的技术进步主要有两种方式：一是自己投资进行研究和开发，即通常所说的自主创新；二是向其他国家学习、模仿，即以"东施效颦"的方式来实现技术进步。一般来说，进行研发的周期长、风险高、资本投入大且成功率低。据统计，100 项科研投资里面，能获得研究成果的不到 10 项；这 10 项里，具有商业价值的不到

5 项。也就是说，世界上 95% 以上的科研投资没有取得任何成果，而在取得成果的技术中也只有很小一部分具有商业价值。甚且，即便有了商业价值，其回报的时间也非常的长。

由于发达国家处于技术的前沿，只能通过自主研发来实现技术进步，且发达国家拥有丰富的资本和知识储备，促进技术创新的投融资体系和现代金融市场都非常发达，故发达国家相对发展中国家来说，进行单项技术研发的成本要低。不过，即便这样，由于创新的困难性和风险性，发达国家要实现跨越式的技术进步，也是非常困难和缓慢的。

相对而言，发展中国家的技术水平远远落后于发达国家，如果其以"东施效颦"式的模仿，通过引进、消化和吸收发达国家已有的技术，而不是通过自主研发来实现自身的技术进步所付出的成本要低得多、承担的风险也要少得多。林毅夫（1998）的研究表明，日本从 20 世纪 50 年代到 80 年代维持了近 40 年的快速增长，"亚洲四小龙"从 20 世纪 60 年代到 90 年代也维持了近 40 年的快速增长，其原因主要是这些国家和地区利用了与发达国家的技术差距，并以引进和模仿创新来实现快速的技术进步、产业升级和经济转型。因而，选择"东施效颦"式的模仿来实现其技术升级并最终实现赶超是有其必要性的，这样可以实现落后国家的"后发优势"。从中国改革开放后的发展中，也可以看出"东施效颦"式的技术模仿，在中国的经济增长中起了巨大的作用。

然而，单纯的"东施效颦"式的模仿也有许多弊病，尤其会带来三个方面的问题：

第一，在某些关键的技术领域受制于人。由于发达国家及其跨国公司对安全的考虑或者出于不培养竞争对手和防止技术泄密的考虑，他们会对某些高科技的敏感技术设限，不允许转让到发展中国家，所以单纯的技术引进并不能保证引进发展中国家所需要的高新技术；而

且，技术的进步是一个体系意义上的，单独地引进某项技术，而不是形成创新、生产、维护、系统升级等方面的综合能力，也会受制于发达国家及其跨国公司。

第二，技术模仿越来越受到 WTO 相关条款的约束。在 WTO 协议框架中对发展中国家企业技术创新有直接影响的有《与贸易有关的知识产权协议》（TRIPs）和《补贴与反补贴措施协议》（TBT）。在 TRIPs 约束下，在国际技术转移中，发展中国家的企业必须向发达国家支付更多的专利、版权和商标费，技术引进成本将上扬，获得先进技术的代价将大大提高，不受约束的技术模仿将会引起知识产权的纠纷。TBT 是 WTO 规则中另一项重要协议，这一协议对政府的产业 R&D 支持与补贴范围、水平等作出了严格的规定，各成员国都要根据该规定修改政府的创新政策，并且该规则要求发展中国家取消对技术模仿的政策支持。

第三，技术模仿可能会削弱对创新的重视，从而导致后发劣势。在《后发优势和后发劣势》一文中，杨小凯指出，落后国家模仿发达国家的技术比较容易，这虽然可以导致落后国家的经济在短期内获得快速增长，但会强化国家机会主义，给长期增长留下许多隐患，甚至使长期发展变为不可能。

作为发展中国家，我国同样与发达国家间存在很大的技术差距，同样存在赶超问题。因此，我们一方面要继续奉行"东施效颦"式的技术模仿，使我国能够以较低的成本实现技术升级，从而实现"后发优势"。另一方面，也要对"东施效颦"所带来的危害足够重视，设法规避其不足，为此，要做到以下几点：

第一，在继续实行技术模仿的同时，注重自主创新，尤其是在一些关键领域（如国防、基因技术、信息技术等），要大力创新，形成具有中国特色的研发体系，并能形成完整的集研发、生产、维护和系统升级功能于一体的工业体系。

第二，要建立与我国国情和经济发展水平相符的知识产权保护体系。我们既要保护率先创新和发明者的利益不受侵犯，以足够的利益驱动激励率先者；同时，又要推动新技术在整个社会中充分扩散，提高社会技术经济水平。所以，我们的知识产权保护应该是有限的。而且，我们还要在模仿的基础上进行较大的创新，以通过对率先者专利的研究，开发围绕率先者基本专利的外围专利，促使率先者同意相互交换、转让专利，从而提升我国的技术和产业结构。

第三，在对技术进行"东施效颦"的同时，也要重视对发达国家优秀的制度进行引进和模仿。人类的长期实践和西方发达国家的兴起过程中，涌现了许多优秀的制度，如：有限政府制度、产权保护制度、有限责任公司制度、信托责任制度、官员财产公开制度、权力制衡制度等等，这些制度被证明能促进经济的长期增长和社会的公平正义，因而，我国政府和我国企业应该在技术模仿的同时，结合我国的实际，大胆地进行制度模仿，以避免由于制度僵化和机会主义国家化所引起的"后发劣势"。

16. "二桃杀三士"的反向激励

春秋战国时，齐景公有三个勇士，一个叫田开疆，一个叫公孙接，一个叫古冶子，号称"齐国三杰"。这三个人勇武异常，深受齐景公的宠爱，但他们却恃功自傲。为避免"齐国三杰"危及统治，晏子决定借机除掉这三个心腹之患。

适逢鲁昭公访问齐国，齐景公设宴款待。当两位君主酒至半酣时，晏子说："园中桃子已经熟了，摘几个请二位国君尝尝鲜吧？"齐景公大悦，传令派人去摘。晏婴忙说："金桃很难得，还是臣亲自去吧。"一会儿的功夫，晏婴带着园吏，端着玉盘献上6个桃子。齐

景公、鲁昭公、叔孙大夫和晏子一人吃了一个桃子。盘中还剩有两个桃子。晏婴说："请君王传令群臣，谁的功劳大，谁就吃桃，如何？"齐景公同意，于是传令下去。话音刚落，公孙接率先走了过来，拍着胸膛说："有一次我随国君打猎，突然从林中蹿出一头猛虎，是我冲上去，用尽平生之力将虎打死，救了国君。如此大功，还不应该吃个金桃吗？"晏婴说："冒死救主，功比泰山，可赐酒一杯，桃一个。"公孙接饮酒食桃，站在一旁，十分得意。

古冶子见状，厉声喝道："打死一只老虎有什么稀奇！当年我送国君过黄河时，一只大鼋兴风作浪，咬住了国君的马腿，一下子把马拖到急流中去了。是我跳进汹涌的河中，舍命杀死了大鼋，保住了国君的性命。像这样的功劳，该不该吃个桃子？"景公说："当时黄河波涛汹涌，要不是将军斩鼋除怪，我的命早就没了。这是盖世奇功，理应吃桃。"晏婴忙把剩下的一个桃子送给了古冶子。

一旁的田开疆眼看桃子分完了，急得大喊大叫："当年我奉命讨伐徐国，舍生入死，斩其名将，俘虏徐兵5000余人，吓得徐国国君俯首称臣，就连邻近的郯国和莒国也望风归附。如此大功，难道就不能吃个桃子吗？"晏婴忙说："田将军的功劳当然高出公孙接和古冶子二位，然而桃子已经没有了，只好等树上的桃子熟了，再请您尝了。先喝酒吧。"田开疆不服，竟挥剑自刎了。公孙接大惊，也拔出剑来，说道："我因小功而吃桃，田将军功大倒吃不到。我还有什么脸面活在世上？"说罢也自杀了；古冶子见状也羞愧地拔剑自刎了。

为什么晏子利用两个桃子就能除去三个勇士呢？在经济学理论看来，"二桃杀三士"是经济学中的激励理论的灵活运用，晏子正是娴熟地运用反向激励理论，取得了令人咋舌的成效。

激励（Incentive）是指利用某些措施激发和鼓励人们朝着所期望的目标采取行动。就激励方式而言，有两大类。一类是正向激励，一类是反向激励。正向激励特指对激励对象的肯定、承认、赞扬、奖赏、信任等具有正面意义的激励。反向激励特指对激励对象的否定、约束、冷落、批评、惩罚等具有负面意义的激励。

正向激励通过对个体的符合组织目标的期望行为进行奖励，可以提高个体的积极性，促使这种行为更多地出现。不过，一是，由于边际效用递减规律的作用，正向激励经过一段时间后，也会变得无效起来。二是，正向激励的代价高昂。想想，如果干什么事都需要用奖金来激励，这样的激励是不是成本高昂呢？三是，正向激励在长期中会形成惰性，甚至是扭曲激励本应该有的功能。

正是因为正向激励的局限性，人们探索出，用反向激励来作为补充和诱导。而且，由于得失之效用的不对称性（行为经济学研究表明，相对于得到，人们更在乎失去），反向激励有时较之正向激励的效果更佳。

不过，所有的事物都有两面。反向激励也不例外。如果运用不当，反向激励也能带来祸害。

这种祸害来自于两个方面。一方面是惩罚不到位带来的危害。如果惩罚不到位，就不仅起不到激励效果，反而会引发激励人们效仿作恶者的做法。另一方面，如果惩罚过重，就会引起逆向选择行为。

孟德斯鸠曾经注意到，古代俄罗斯比中国凶杀案的发生率更高。他发现，在中国，抓住小偷不至于把他打死，而在俄罗斯被当场逮住的小偷却要被打死。在后面这种法律制度下，小偷就有很大的积极性杀人灭口。所以，所谓的"乱世重典"也是有条件的，并非刑罚越重就越能阻止犯罪，有时候，过重的刑罚反而会使人们有激励进行更严重的犯罪。最严重的惩罚只能给最严重的犯罪，这样才是激励相容的，如果所有犯罪都处以同样严厉的处罚，孟德斯鸠的悖论就会出现。

所以，"二桃杀三士"的故事告诉我们，在某些情况下，反向激

励是一种很好的激励手段。但经济学更告诉我们，不管是正向激励还是反向激励，都有其局限性，激励问题永远是人类所面临的最基本、最重要的问题之一。

17. "鸿门宴"的成本决定

陈胜吴广起义失败后，项梁扶持楚怀王的孙子做了楚王，刘邦也投靠了项梁。公元前207年，项梁战死，怀王派项羽等去救援被秦军围困的赵国，同时派刘邦领兵攻打函谷关。临行时，怀王与诸将约定，谁先入关，便封为关中王。

项羽大破秦军后，听说刘邦已入咸阳，非常恼火，就攻破函谷关，直抵新丰鸿门。这时刘邦的左司马曹无伤暗中派人告诉项羽说刘邦想在关中称王。项羽听了，更加恼怒，决定第二天发兵攻打刘邦。

张良向刘邦分析，不宜和项羽硬拼，刘邦只得退出咸阳，回师霸上，更把在咸阳所得一切，原封不动地送到项羽营中，说愿让项羽称关中王。范增已觉出刘邦必成大器，便命项羽设下"鸿门夜宴"，一心诛除刘邦，但此事为项伯知悉，项伯竟顾念和张良故人之情，向刘邦大军报讯。刘邦知道这鸿门宴是去不得的凶险之地，但张良却表示不去便只有死路一条，赴会也许能有生机，刘邦无奈只得应约前往。

鸿门宴当日，范增早已布下天罗地网，定要把刘邦人头留下，谁知刘邦竟以一跪化解了项羽之怨恨，范增便再命"项庄舞剑，意在沛公"，一心要在席中把刘邦刺死，可还是被项伯和樊哙给刘邦解了围，刘邦终于借如厕逃遁而去。

为什么会有"鸿门宴"的发生呢？当时的情况是，"怀王与诸将约定，谁先入关，便封为关中王"，在楚怀王的诸多将领中以项羽的实力最强，本以为关中王是其囊中物，项羽亦是如此认为，在其要去救赵国时，还是自信满满地认为，函谷关要等待他获胜归来才能攻破。而刘邦抓住项羽不在的空当，请兵攻打函谷关，一举破之。鉴于项羽的强势，并没有进入函谷关，围而不进。在此刘邦在自身兵力、声望不如项羽的情况下，抓住楚怀王的话，为自己赢得优势。也就是在这个基础上，曹无伤给信项羽，刘邦意图在关中称王的信息在项羽来看才具有可置信性。就此，项羽手底下的谋臣范增看出了刘邦的"狼子野心"：刘邦能如此的隐忍，韬光养晦并伺机而动，放任这种人继续发展下去，他日必成大患。为把这个可能的敌人扼杀在摇篮里，建议大摆鸿门宴，刘邦不来就借机攻打，灭了他；他若来，就借机暗杀他。

刘邦是去不去？项羽是杀不杀呢？我们借经济学中的成本与收益的相关理论来解释一下。

成本收益分析是一种量入为出的经济性理念，它要求对未来行动有预期目标，并对预期目标的几率有所把握。经济学的成本收益分析方法是一个普遍的方法。成本收益分析方法的前提是追求效用的最大化。在经济活动中，就是要以最少的投入获得最大的收益。

成本收益分析的特征是：自利性、经济性、计算性。

刘邦不去，则要和项羽的军队开战，在当时的情况下，两军实力差距如此悬殊，刘邦难逃性命，被抓住就会作为项羽杀鸡儆猴的对象，祸及朋友亲人。总之，不去赴宴的话，刘邦有极大的可能性一无所有并杀身成仁了，从此成为历史。去又如何呢？项伯传来信息，项羽摆鸿门宴会意在杀了你沛公。难不成去也是死？如此两难的局面该如何抉择？张良，刘邦最信任的谋臣，从攻破项羽的性格弱势入手，给刘邦出谋划策，说："项羽，勇有余而智不足，霸道注重个人义气，不善于听取别人意见，且相当的自负，爱听别人的奉承话。彼时出现在他面前时，放低姿态，表明没有称王的意图，待项羽怒火平息

一点，防范松懈下来，可借机离开，不给项羽攻打我们的借口与机会。在楚怀王的干预下，项羽无故攻打盟友，就会失去人心，到时可联合诸将一起制衡项羽。此之后，我们可以暂离避其锋芒，韬光养晦，大业方可徐徐图之。所以去虽也有风险，但总体来说赢面更大。"

因此，在张良看来，就刘邦去与不去的成败得失，用经济学的语言来说，其广义的成本与收益，显然在眼下的情况，去的赢面更大一些。

宴会摆好，擂台已是摆下来了，项王又是如何抉择呢？

在沛公一跪表明绝无想称王的意图时，项王杀心动摇，怒火暂熄，项羽"江湖义气"之心让他不好伸手打笑脸人。范增意指项庄舞剑取沛公性命，项羽正在犹豫之间，没作决定，而此时项伯看穿此子意图，出手阻拦，使得项庄失了机会。当时，项羽若执意杀刘邦，一来项伯的阻挠，事后可能得来兄弟不和，损失爱将；二来彼时双方是盟友关系，联合一起灭秦，此次无正当缘由，诛杀沛公，将面临楚怀王的斥责。或则因项羽势强，王威被无视但会得来离间或孤立，再者也会遭受其他将领排斥，失去人心。杀了刘邦，为今后除去一个祸患，也可以杀鸡儆猴，警告那些意图挑战他权威的人。

总的来说，项羽当时军事力量最强，而刘邦相对来说弱得多。在楚怀王面前，项羽更受器重。再者项羽一向是行事霸道，统军一向是铁血手腕，随意找个借口抹杀了在他眼里的小角色，也无不可。

就以上项羽的成本与收益来看，不管刘邦的选择是什么，他选择杀的得益都是要高于不杀的选择。刘邦不来他更有借口出兵，所谓名正言顺之师，斩杀刘邦估计是不费吹灰之力。刘邦来了，少了一个好的借口，但借其霸气第一的名头杀个刘邦更显他的威名，强势之下可堵悠悠之口。但项羽错失了机会。原因为何？在于刘邦采取了合适的应对策略。从而改变了双方原来的成本收益函数。

沛公一来就给项王下跪，恭喜项王可封为关中王。此一来暂消了项王的怒火，也让项王认为他刘邦就是一个小人物，暂时放下杀他的念头。再者，他不知道他的杀心已被刘邦得知，误以为刘邦无知地来赴会，在他的犹豫之下，刘邦借如厕之机，逃离了鸿门，彼时项王还在把酒言欢，待发现之时，刘邦已是走得很远了。他项王又自大地认为刘邦乃贪生怕死之辈，拒不听范增之建议，不去追捕了。项羽此时万没有想到刘邦隐忍得如此之深，他日把他逼得自刎乌江旁，以谢江东父老。

基于以上的分析，刘邦能够逃离是必然的，而日后刘邦的成功也具有必然性，历史早就注定了结局。

18. "烽火戏诸侯"的信息噪音

周朝时，周宣王死后，其子宫涅继位，是为周幽王。周幽王是个荒淫无道的昏君。当时，有个大臣名褒珦，劝谏幽王，周幽王非但不听，反而把褒珦关押起来。褒珦在监狱里被关了三年。褒国族人千方百计要把褒珦救出来。他们听说周幽王好美色，就把绝色美女褒姒，献于幽王，替褒珦赎罪。

幽王见了褒姒，惊为天人，非常喜爱，马上立她为妃，同时也把褒珦释放了。褒姒虽然生得艳如桃李，却冷若冰霜，自进宫以来从来没有笑过一次，幽王为了博得褒姒的开心一笑，不惜想尽一切办法，可是褒姒终日不笑。为此，幽王竟然悬赏求计，谁能引得褒姒一笑，赏金千两。这时有个佞臣叫虢石父，替周幽王想了一个主意，提议用烽火台一试。烽火本是古代敌寇侵犯时的紧急军事报警信号。诸侯见了烽火，知道京城告急，天子有难，必须起兵勤王，赶来救驾。

昏庸的周幽王采纳了虢石父的建议，马上带着褒姒，由虢石父陪

同登上了骊山烽火台，命令守兵点燃烽火。一时间，狼烟四起，烽火冲天，各地诸侯一见警报，以为犬戎打过来了，果然带领本部兵马急速赶来救驾。到了骊山脚下，连一个犬戎兵的影儿也没有，只听到山上一阵阵奏乐和唱歌的声音，一看是周幽王和褒姒高坐台上饮酒作乐。周幽王派人告诉他们说，辛苦了大家，这儿没什么事，不过是大王和王妃放烟火取乐，诸侯们始知被戏弄，怀怨而回。褒姒见千军万马招之即来，挥之即去，如同儿戏一般，觉得十分好玩，禁不住嫣然一笑。周幽王大喜，立刻赏虢石父千金。

公元前 771 年，申侯联合缯侯及西北夷族犬戎之兵，进攻镐京。周幽王听到犬戎进攻的消息，惊慌失措，急忙命令烽火台点燃烽火。烽火台上白天冒着浓烟，夜里火光烛天，可就是没有一个救兵到来。镐京守兵本就怨恨周幽王昏庸，不满将领经常克扣粮饷，这时也都不愿效命，犬戎兵一到，便勉强招架了一阵以后，一哄而散，犬戎兵马蜂拥入城，周幽王带着褒姒、伯服，仓皇从后门逃出，奔往骊山。途中，他再次命令点燃烽火。烽烟虽直透九霄，还是不见诸侯救兵前来。犬戎兵紧紧追逼，周幽王的左右在一路上也纷纷逃散，只剩下一百余人逃进了骊宫。然而，周幽王最终没能逃脱被砍死的命运，褒姒也做了俘虏。至此，西周宣告灭亡。

各位看官，为什么周幽王最终会身首异处呢？原因无他，就在于"烽火戏诸侯"导致了信息的噪音化。而噪音化的信息则使得各诸侯，在犬戎兵临城下时，再也不相信周幽王所点燃的烽烟，是其面临危难时的真实求救信号，反而认为那是周幽王和褒姒在继续游戏。这样，周幽王的惨死，就成了一种历史必然。

我们知道，在人们的决策和选择中，信息是极其重要的。而信息的重要性，又取决于信息的真实性和有效性。如果信息在传播过程中，受到干扰，并使得发出信号与接受信号之间出现信息失真，即信息被噪音化，则决策很可能出现错误，从而导致资源得不到有效配置，或者交易无法有效进行。

信息的噪音化，既有自然的作用，又有人为的因素，更是难以直接考核的结果。就自然的作用而言，信息在传播过程中，既会受到技术的限制，也会受到各种信息源的冲击，在各种不同力量的冲击下，信息中的噪音就会越来越多、越来越难以被人所辨别。由于人类社会，由亿万个参与者组成，每个参与者都有着其独特的信息理解力、信号发射源和信号甄别术，在这些不同信息的交互作用下，信息的噪音化就成了一种自然的结果。

不仅如此，由于每个人都是利己的，都会为了自己的利益而选择性地发出信息、干扰信息，这样就会进一步加剧信息的噪音化。比如，在《三国演义》里，为骗得曹操的信任，周瑜和黄盖上演了一场"一个愿打一个愿挨"的骗局；而诸葛亮为了唬住司马懿，赢得逃命时间，不惜铤而走险，上演了一出"空城计"……这些噪音化的信息，不仅会严重干扰人们对真相的认知，也会严重搅乱人们的选择。

由于知识的局限和成本的约束，人们对许多事件和变量难以进行直接的考核，这也会引发信息噪音化。

比如，在人力资本市场上，我们知道，一个人的能力究竟如何，是一种隐藏信息，很难被发现。要比较准确地鉴别一个人能力的高下，一种途径是"用"，在一个比较长时间的使用过程中，对这个人的能力作出比较准确的把握。但是，这种考核方法对求职人和雇主都意味着高昂的成本。既然能力不容易直接观察，通过使用加以鉴别的成本又太高，那么寻找一种低成本的考核方法就非常必要。而这种方法，就是替代性考核。

2001 年诺贝尔经济学奖获得者斯宾塞（Spence）发现，当雇主难以直接量度一个人的能力高低时，他就可以通过一个替代性考核的

办法——用文凭来判断和鉴别求职人的能力。人们在长期实践中发现，学历（文凭）与个人能力有很强的统计相关性，尽管凭学历鉴别一个人的能力高下在面对少数天才时显得"有眼无珠"，但在通常情况下不会有太大的偏差。文凭传递个人能力的信号，雇主借此来鉴别求职人的个人能力，给他定价，并诱使他向雇主报告有关个人能力的一些私有信息，从而在一定程度上缓解不对称信息导致的逆选择。

然而，文凭作为能力的有效信息载体，有一个前提，即文凭的获取是经过严格考核和检验的。如果文凭能作假，那么文凭将被噪音化，从而失去作为甄别求职者能力的替代变量这一功能。

不仅文凭会因噪音化而失去其正常功能，我们的 GDP 考核、科研考核、销售业绩考核……一旦被噪音化，也将失去其正常功能，并带来严重的资源配置扭曲。

由此，我们可以看出，一旦信息噪音化，人们的决策和选择成本就会变得高昂起来。然而，信息的噪音化在自然、人性、考核的困难和人与人的交互作用下，又是一种人类无法克服的困难。那么，我们是不是就此成为信息噪音化的奴隶，而无所作为了呢？

答案是 No！

美国著名经济学家布莱克（Fisher Black）在 1986 年的研究中认为：因为噪音的存在才使得金融市场的存在成为可能，如果市场是完全有效的，没有噪音，投资者均是完全理性的，并且可以获得所有信息，那么几乎就不存在交易的空间和机会。正是因为市场的噪音化，才使得价格产生了波动，而价格的波动，则赋予了盈利或者说投机的机会；而且，价格的变动总是反映噪音与信息的变动。噪音交易越多，市场越有流动性，换句话说是，市场流动性越大，噪音就越多。所以，从这一层面而言，噪音的多少也反映着市场的开放度和自由度。

而从哈耶克、赫希曼等人的研究中，我们也可以知道，在一个独裁社会里，只有一种声音，所以，噪音很小，然而，在不确定性面前，它无法消弭不确定所带来的危机；但在一个自由开放社会里，由千百万人组成的信息流，其噪音化程度会比较高，然而，正是这种噪音化，它代表和反映了千万个不同参与主体各自的利益和声音，在不确定性面前，它可以消弭不确定引发的巨大危机！

所以，真实、开放、公开、自由参与，是消解信息噪音化的有效法则。

（漫画引自《半月谈》2011 年 9 月 4 日"洋文凭"）

三、历史典故里的制度和权力

19. "指鹿为马" 的绝对权力

公元前 209 年，秦始皇在出巡时驾崩。宦官赵高计服丞相李斯，密不发丧，篡改诏书，逼死了皇位继承人长子扶苏，并立秦始皇的幼子胡亥做了皇帝。不久，为了巩固他的皇位，在赵高的建议下，年轻的皇帝杀了他的十二个兄弟和十个姐妹。后来，赵高用计杀死了李斯，自己做了丞相。

在胡亥的昏庸统治下，丞相赵高为所欲为，他的野心逐渐膨胀，甚至想要篡夺皇位。但赵高唯恐群臣不服，如何试探大臣的心意呢？他就想出了一条计谋。

八月己亥日，赵高将一只鹿献给胡亥，说："陛下，送你一匹好马。"胡亥一看，明明是一只鹿，便笑着说："丞相你搞错了吧？把鹿说成马。"胡亥问旁边的大臣们，有的沉默不语，有的为了讨好赵高说是马，也有的正直的大臣说是鹿。赵高后来就暗中把那些说鹿的人杀了。以后大臣们就不敢再得罪赵高了。

赵高是一个小小宦官，然而他却可以翻手为云覆手为雨、指鹿为马，是谁给了他这么大的胆子呢？答曰：绝对权力。古今中外，人类历史发展的轨迹表明：没有制衡的权力是腐败和暴政的温床，这在任何国家任何朝代都是适用的。因此，英国的勋爵阿克顿（1834—1902）曾经断言："权力导致腐败，绝对权力导致绝对腐败。"而清

华大学法学院教授高鸿钧在《清华法治论衡》（第三辑）卷首语中这样描述强权下的腐败：强权之下无公理，指鹿为马，鹿亦为马；污白作黑，白也作黑。强权之下无真实，"皇帝新衣"，皆大欢喜；"红肿之处，艳若桃花；溃烂之时，美如乳酪"。强权之下滋谄人，"吴王好剑客，百姓多创瘢；楚王好细腰，宫中多饿死"。强权之下无定法，人主喜怒无常，赏罚无度；权若风，法如草，草遇风必偃。

那么，为什么权力会导致腐败？绝对权力会导致绝对腐败呢？对于此，经济学是否能提供比其他社会科学更真知灼见的解读呢？

在传统的经济学看来，一些人之所以利用公权力进行腐败，就在于其腐败的收益远高于成本。腐败的机会越多、权力租金越多，腐败的收益就会更多。腐败的机会由各国的政府组织结构和法律法规的完善与否决定。权力租金的大小则由掌权者的职位高低、所掌握的资源多少和实质权力大小所决定。而腐败的成本由以下因素决定：腐败被查处的概率和惩罚的力度。腐败被查处的概率由参与腐败人数的多少、司法机关对反腐败的投入、民众的检举热情、腐败人员的腐败技巧等因素决定。腐败受惩罚的力度则由该国的法律决定，如果一国实现严刑峻法，对腐败者及腐败受益者实施严厉的法律惩罚，那么就会提高对腐败者和潜在腐败者的威慑力，促其减少腐败。

应该说，传统经济学为我们打开了一扇理解腐败的知识之门。然而，要深入理解为什么权力会导致腐败、绝对权力会导致绝对腐败，还需要从博弈论和权力的逻辑入手。

博弈论的研究里，有一条重要结论：在人类的博弈中，以恶制恶（tit-for-tat）是防止人们采取机会主义行为的最有效博弈策略。即一个参与者在第一个回合选择合作策略，而此后则选择与其对手在前一个回合所选择的策略相同的策略；或者说，如果一个参与者在第一个回合中采取合作策略，而对手在随后的博弈中采取机会主义行为，这个参与者的最佳策略就是以恶制恶，也采取机会主义行为来对待其对手。

"以恶制恶"的博弈策略为何是有效的呢？其原因就在于，它提高了人们之间承诺的可置信程度，促进了人们对契约的履行。这是因为：如果，博弈的一方在采取机会主义行为后，不能得到有效的惩罚，他所做的事前承诺就不是可置信的，此时契约是不可能得到自我实施的（Self-enforcement）。而如果博弈的一方在采取机会主义行为后会得到严厉的惩罚，他就会信守其承诺、履行事前契约。然而，在我看来，这个结论里面隐藏了一个假设，即博弈各方是权力对等的，各方都有足够的能力对另一方的机会主义行为作出有效的、及时的、有力的惩罚。

在政治领域，就其实质而言，掌握公权力之人与普通民众之间进行的是一场长期合作博弈。掌权者利用公权力搞腐败则是一种破坏合作的机会主义行为，对此行为的最优策略是建立民主制度、权力制衡机制和市场经济制度，通过权力来制衡权力，通过制度来约束权力。

最后，借用清华大学法学院教授高鸿钧曾说过的一句话来表达我的理想："现代民主法治，公行以权制权，以法限权，以民驭权。以权制权者，分权制衡，遏止独断；以法限权者，权限法定，防止擅断；以民驭权者，主权在民，制止专断。"

20. "文种之死"的专权逻辑

春秋时期，越王勾践手下有两位重臣：文种和范蠡。勾践被吴王打败后，能够卧薪尝胆、东山再起，很大程度上得益于这两人的协助。

当初，勾践准备率兵抗吴的时候，文种认为时机还未成熟。可惜勾践一意孤行，最终战败而归。文种又忍辱负重，多方奔走，促使吴王夫差答应不杀勾践。勾践作为人质，留在吴国服侍吴王3年。在这期间，文种代替勾践治理越国，尽心尽力，打理朝政，发展越国经济，为越国后来的崛起和称霸打下了坚实的基础。

在勾践回到越国后，文种又向勾践提出了"破吴七策"。勾践采纳文种的意见，励精图治，最终得以报仇雪恨，打败吴国，迫使吴王夫差自杀。

勾践伐吴胜利后，举办了盛大的庆功大会。大臣们争相祝贺。但勾践却没有流露出太多的喜悦之情，相反还有些愁容。善于察言观色的范蠡首先注意到了勾践的变化。很显然，勾践不太乐意承认大臣们的功劳，他担心这些功臣们日后不好领导，对他们的猜忌之心也显露无遗。足智多谋的范蠡权衡再三，决定急流勇退，主动向勾践提出要告老还乡。尽管勾践一再劝留，范蠡还是留下官印不辞而别了。

临走前，范蠡念及旧日情分，特意给文种写了一封信，道："还记得当初吴王夫差临死前说过的一句话吗？他说'狡兔死，走狗烹；敌国破，谋臣亡。'他其实是说给我们听的。越王的为人，你我都很清楚。他既能忍受屈辱，又很嫉妒他人的功劳，是个很猜疑的人。这样的人，只能共患难而不能共安乐。所以，我劝你也跟我一样的退隐，不然只怕日后会遭遇不测之灾。"

文种看过范蠡的信后，不以为然，觉得自己对越国的贡献足以保障自己的安全。

有一天，勾践去看文种。谈及往事，勾践对文种说："当年你有七条破吴之策，我只用了其中的三条，就灭掉了吴国。你这还剩下四条，将来准备用来对付谁呢？"文种听出勾践的话中有话，又不敢贸然回答，只是低头不语。勾践也不多说，起身离开的时候，特意送给文种一把宝剑。

文种拿过宝剑，看到剑匣刻有"属镂"二字，这才明白勾践的意思。按当时的规矩，国君如果将刻有"属镂"字样的兵器赠给大臣，意思就是要这个大臣自杀。文种此时想起范蠡的告诫，只能长叹一声："不听范蠡的劝告，终于落得如此下场，我太天真了！"，说完，文种就把剑自刎了。

文种的死，暗合了夫差的预言。

为什么会发生兔死狗烹、鸟尽弓藏的文种式悲剧呢？

为回答这个问题，一些经济学者从信息经济学的角度进行了解释。认为，在信息不对称之下，作为委托人的皇帝和作为代理人的大臣之间存在较严重的信息不对称。在无法有效区分谁是真正的忠臣，谁又暗藏异心时，为保住江山万代，皇帝只好从肉体上消灭那些有造反能力的大臣。于是，兔死狗烹就不可避免了。

应该说，信息经济学关于"兔死狗烹"的文种式历史悲剧的解释，给了我们一些非常富有洞见的启示。然而，对比历史，我们可以发现，在近代的民主国家里，却鲜有"兔死狗烹"的悲剧发生。因此，答案不在于信息对称不对称，而在于权力的逻辑！

在经济学里，租金指的是超过正常收益的部分，比如说，在生产过程中的租金，指的就是某种要素的所得超过了其边际贡献。经济学的研究表明，租金的大小是由权力结构决定的，权力结构越对称，租

金就越小；反之，权力结构越失衡，租金就越大。比如说，完全竞争市场里，企业与企业之间是完全平权的（即产品同质，而且有很多的竞争者），所以就没有租金；而在垄断市场里，只有一家企业，掌握着产品或要素的供给，它就有很大的市场权力，从而可以获取巨额的垄断租金。而这种由权力结构所决定的租金，我们称之为权力租金。

在一个国家的政治领域，权力结构的状况决定了权力租金的大小，并进而决定着一国领导者的行为方式。

然而，在专权社会里，"普天之下莫非王土，率土之滨莫非王臣"。一方面，皇帝或独裁者拥有至高无上的、几乎不受约束的权力，他不仅自己可以长久地霸占最高权位直到死去，还可以将其作为私有财产遗传给子孙；而且，其子孙作为专权者，继续享有权力垄断者的一切。因此，专权社会里，权力租金是巨大的，大到任何人都抵挡不住它的诱惑。

另一方面呢？无论是功高盖世的功臣还是平民百姓，在专权社会里，都只是任人宰割的棋子，他们的生死富贵几乎完全掌握在专权者一个人手里。一旦他们得到专制者的信任或喜爱，就能平步青云甚至鸡犬升天；而一旦他们受到了专权者的猜疑，将毫无依仗——既没有法律在保障他们的财产权和生命权，也没有可靠的组织可以依靠——最终只能任由专权者所宰割。

所以，只要是家天下，"兔死狗烹"的文种之死就是一个走不出的死结。

21. "蒋纬国挨打"的权力本性

蒋纬国 1916 年 10 月 6 日出生于日本，蒋介石次子，蒋经国

之弟。

一天，蒋纬国从西安回潼关。火车上人很多，过道里都挤满了人。

车开动不久，蒋纬国看到一位上校从自己身后挤过去，不一会儿又从对面挤回来。当上校经过蒋的座位时，蒋纬国站起来问他："你是找人呢还是找座位?"上校答找座位。蒋纬国就请他坐自己的座位。上校看了蒋纬国一眼，突然伸手打了他一巴掌，责怪他早不让座。

蒋纬国分辩说："上校第一次是从背后过去的，不知是找座位还是找人；这次是从对面走过来，才觉得上校可能是在找座位。"蒋刚说完，又挨了上校一巴掌。蒋纬国把座位让给上校后，被挤到厕所里坐在便桶上。这时列车长来查票，有认识蒋纬国的告诉列车长上校打了蒋纬国两耳光。当列车长告诉上校刚才打的是谁时，上校一听，立即跑到厕所跪下，再三向蒋纬国道歉。

晚年蒋纬国回忆起这件事时，感叹说：在我们的国家，君人也好，非君人也好，政府也好，民间也好，无论是谁，只要有点权力后，就开始耀武扬威了。当然，他们耀武扬威的对象，永远是比自己地位低下的人，一旦得知某个人比他们更有权力时，他们立马变成了奴才。

是的，蒋纬国挨打一事和他的晚年感叹，揭示了权力的本性：怕强凌弱、吃软怕硬！

一些人在当权者面前，为求得利益或保全自己的身家性命，卑躬屈膝、恭敬谄媚、溜须拍马、投其所好、战战兢兢、小心谨慎……无所不用其极；还是这些人，一旦面临比他弱小的人或群体，则完全换成了另外一副嘴脸：耻高气扬、耀武扬威、粗暴对待、夺其财抢其产……不择手段，要体现出其权力的淫威和作为掌权者的威武！

为什么权力会有这样的本性呢？

这种本性，其实是权力欲的体现。著名生态学家多尔尼克坚信人与动物的区别并不大。他认为，生物因素对人的权力欲起着决定性的作用。无论人还是动物，都有着主宰他人或其他动物的本能，特别是男人或雄性动物。他们从小就有权力欲。每个人都想拥有权力。

在权力欲的支配下，同时为了解决集体行动中的合作问题，以便生存下去，无论是自然界，还是人类社会，都自然而然的演化出了等级制：一些人是统治者，拥有权力；而另一些人则是被统治者，没有什么权力。而一旦形成了权力体系，人们就会在成本—收益的约束下，做出欺软怕硬、怕强凌弱的事情来。这是因为：

如果一个人或群体，拥有着大于你的权力，而且，他或他们的权力不受约束，你的基本权利又没有法律的严格有力的保护，此时，他或他们相对你而言，就有了巨大的能力，或者造福于你，或者加害于你。当他或他们造福于你时，你就会获益颇多；当他或他们加害于你时，你就会损失惨重。所以，当你面对权力时，你所能选择的只能是恭恭敬敬、战战兢兢、谨小慎微！

在当代的民主国家或地区里，由于掌权者的权力得到了有效的制衡，民众的权益有着法律的严格和强有力的保护。我们更多的是看到，掌权者在普通民众面前不是作威作福、趾高气扬、颐指气使、不可一世，而是谦恭有礼、谨慎亲民。即便是在官僚系统内部，我们也很难看到权大者对于权小者的趾高气扬、不屑一顾和作恶加害，而是平等相待、礼貌有加。普通民众呢？对于掌权者也只是平等看待，用自己的选票来表达自己的好恶，而不是卑躬屈膝、谄媚讨好。

其实，之所以会有"怕强凌弱、吃软怕硬"的现象，就在于一个社会的权力结构出了问题。

这种问题就是，一些人或集团，一旦拥有权力，成为掌权者，他（他们）受到的约束很小，就像古代的皇权集团一样；而另一些人或

集团，一旦失去权力，成为被统治者，他（他们）受到的保护也很小，连基本的生命权、财产权和人权都没有，就像古代的平民集团一样。在这样的权力格局下，被统治者的理性选择只能是做一个顺民和奴才，只有在没有活路、忍无可忍时才会起来反抗；而掌权者的理性选择就是充分展示权力的威能，作威作福、尽情享受，只有在权力面临失去的威胁时，比如，在被统治者起来闹革命时，才会收敛一下，做一些自我限制权力滥用的姿态。正如鲁迅说讲的：一群奴隶，忍无可忍，推翻原来的奴隶主，自己当上奴隶主；尔后，又被其他的奴隶所推翻，继续做奴隶……如此往复，日复一日。

之所以有这样的历史，其实是权力结构失衡下，权力的本性在作祟！

怎样才能跳出这个怪圈？走出历史的周期律呢？

答案只有：严格法治，赋予每个公民应有的权利，保护每个公民不受权力的伤害；严肃权力，严格界定公权力的适用范围和条件；更重要的是，调整权力结构，搞好权力制衡，杜绝权力滥用，使每个权力者都能善用权力。

各位读者，除此之外，还有别的路吗？

22. "苛政猛于虎"的政策暴力

孔子是我国春秋时期伟大的教育家、思想家和伦理家。一天，孔子路过泰山脚下，有一个妇人在墓前哭得很悲伤。孔子让自己的学生子路前去问那个妇人，为何如此悲伤。子路问道："您这样哭，实在像连着有了几件伤心事似的。"妇人说："没错，之前我的公公被老虎咬死了，后来我的丈夫又被老虎咬死了，现在我的儿子又死在了老虎口中！"孔子问："那为什么不离开这里呢？"妇人回答说："这里

没有残暴的政令。"孔子听后，对子路等学生说："年轻人，你们要记住这件事，苛刻残暴的政令比老虎还要凶猛可怕啊！"

苛政，即严酷繁重的赋税，在此笔者用其来代表不合理的制度。古往今来的历朝历代，从来不乏苛政。即便到了今天，各种不合理的制度仍然会不时出现，困扰着我们的神经、侵犯着我们的权利、妨碍着社会效率乃至公平正义的提高。

当然，要评价政策好坏，得有个标准。这个标准究竟是什么呢？

其一，政策的结果是与政策的目标相一致还是相反；其二，达到同样的目标，此举是不是成本更低，有没有更好的替代方案；其三，政策是否给予人们稳定的预期，是否鼓励人们采取短期的机会主义行为，是否做出对未来负责的投资。

某些政策之所以为"坏政策"，在于这些政策非但未能达到其预期目标，反而加剧了经济困境和社会矛盾。"坏政策"的出台在我看来，原因有四：

一是理念的束缚。理念或观念是行为的基础，有什么样的理念就会有什么样的行为。如果，一个政府、一个部门缺乏长远的、基于大众利益的、符合历史发展潮流的执政理念，其推出的政策，多半可能就是"坏政策"。

二是知识的束缚。知道了方向，还要知道怎么走才能到达目的地。同样，有了理念，还要有知道怎么办的知识才能达到预期的目标。如果没有如何执行和实施的知识，理念就无法落地生根，更无法开花结果。换句话说，缺乏知识，而光有理念，政策往往就成了一厢情愿。

三是利益的束缚。很多时候，在利益面前，理念和知识不堪一击。尤其是，在一个缺乏信仰和道德的国度和时代里，利益就成为无往不利的通行证了。因此，张维迎在《理念改变中国》一文中，强调指出："改革开始的 20 年，也就是 20 世纪 80 年代和 90 年代，是理念战胜利益，我们相信了的东西，尽管有阻力也要推行，所以我们的改革取得了进步。但是看看现在的情况，基本上是利益战胜了理念，没有多少人谈理念，几乎所有出台的政策都是为了保护和增加各个部门的各自利益……"各位试想，那些以部门、地方甚至个人利益为目的的政策，能成为一种好政策吗？

四是权力的失衡。很重要的一点就是，权力失衡下，掌权的部门可以不经过民主决策的程序和科学的论证，而匆忙出台一些维护或增加他们私利而亵渎民众权益的政策。另外，值得我们警惕的是，权力失衡还会带来另一负面效应，即一些好的政策会因为呼求者手上缺乏权力而不得推出。比如说，企业和地方政府都想要减少许多审批，或将审批权下放……

在中国经济增长放缓，亟须转型；社会矛盾集聚，亟须化解；政治腐败严重，亟须整治；改革举步维艰，亟须突破之际，我们不仅要问"为什么我们会出台一些'坏政策'"这样的问题，更要想出建设性的办法，来防止"坏政策"的出台，并且要促进"好政策"的不断生成和涌现。

为什么我们明明知道"苛政猛于虎"，可是却不能防患于未然呢？

是时候需要反思和改变了！

23. "中饱私囊"的委托代理

　　春秋后期，晋国的执政大臣赵简子（赵国君王的先人），派税官去收赋税。临行前，税官问赵简子：这次收税的税率是多少？赵简子回答道：不轻不重最好。税收重了，国家富了，但老百姓穷了；税收轻了，老百姓富了，但国家穷了。你们如果没有私心，这件事就可以做得很好。这时，有个叫薄疑的人对赵简子说：依我看，您的国家实际上是中饱。赵简子还以为薄疑说自己的国家很富呢，十分高兴，还故意问薄疑是什么意思。薄疑直截了当地说：您的国家上面国库是空的，下面百姓是穷的，而中间那些贪官污吏都富了。赵简子听了这话十分吃惊。

　　中饱私囊体现的是经济学的委托代理问题，即由于代理人与委托人的目标函数不一致，加上存在不确定性和信息不对称，代理人有可能偏离委托人的目标函数，趁职务之便，利用委托人的信息劣势来获取不义之财，而委托人难以观察并监督之，所出现的代理人损害委托人利益的现实。

　　对委托代理问题的研究是现代经济学的一项重大任务，通过许多经济学家的不断努力，已形成了一种较成熟、较科学的经济学分支——委托代理理论。

　　委托代理理论肇发于 20 世纪 30 年代。在《现代企业与私人财产》一书中，美国经济学家伯利和米恩斯认为由于企业中经营管理权和所有权的分离，会导致代理人利用委托人不能了解的信息"中饱私囊"，为自己牟利，从而产生委托代理问题。此后，大量的经济学家投入了对委托代理问题的研究中，并取得了丰硕的成果。

委托代理理论是过去三十多年里契约理论最重要的发展之一。它是20世纪60年代末70年代初一些经济学家深入研究企业内部信息不对称和激励问题发展起来的。委托代理理论的中心任务是研究在利益相冲突和信息不对称的环境下，委托人如何设计最优契约激励代理人。其主要观点认为：委托代理关系是随着生产力大发展和规模化大生产的出现而产生的。其原因一方面是生产力发展使得分工进一步细化，权利的所有者由于知识、能力和精力的原因不能行使所有的权利了；另一方面专业化分工产生了一大批具有专业知识的代理人，他们有精力、有能力代理行使好被委托的权利。因而，当存在"专业化"时就可能出现一种关系，在这种关系中，代理人由于相对优势而代表委托人行动。但在委托代理的关系当中，由于委托人与代理人的效用函数不一样，委托人追求的是自己的财富更大，而代理人追求自己的工资津贴收入、奢侈消费和闲暇时间最大化，这必然导致两者的利益冲突。在没有有效的制度安排下代理人的行为很可能最终损害委托人的利益。而世界——不管是经济领域还是社会领域——都普遍存在委托代理关系，股东与经理、经理与员工、选民与人民代表、公民与政府官员、原（被）告与律师，甚至债权人与债务人的关系都可以归结为委托人与代理人的关系。所以为了预防和惩治代理人的败德行为，委托人有必要采取"胡萝卜与大棒"政策：一方面是对其代理人进行激励，力求实现激励相容；另一方面对代理的过程实行监督，充分发挥"经理人市场"的作用。这样使得代理人的行为符合委托人的效用函数。

委托代理问题之所以产生，其原因有四点：

一是委托人与代理人之间的效用目标不一致。资本所有者作为委托人拥有剩余索取权，他所追求的目标就是资本增值和资本收益最大化，最终表现为对利润最大化的目标追求；而代理人的目标利益是多元化的，除了追求更高的货币收益外（如更高的薪金、奖金、津贴

等），还力图通过对非货币物品的追求实现尽可能多的收益（如经理人员的效用函数中还包括舒适豪华的办公条件、较大的经营规模和市场份额，以及职业安全、事业成就、社会声望和权力地位等）。作为追求自身利益最大化的经济人，代理人的货币收益目标是与委托人的目标利益相一致；而作为社会人，代理人追求非货币利益与委托人的目标利益具有冲突性，所以如果没有适当的激励约束机制，代理人就有可能利用委托人的授权谋求更多的非货币物品，使委托人的利润最大化目标难以实现。

二是委托人与代理人之间的信息不对称。代理人直接控制并经营企业，具备专业技能与业务经营上的优势，其掌握的信息和个人经营行为是大量的、每时每刻的，从而形成很多隐蔽的"私人信息"和"私人行为"。委托人由于已经授权，不便也不可能过细干预，加之其专业知识相对贫乏，因而对企业代理人的经营禀赋、条件和努力程度等信息了解是有限的，且往往是表面上的，这样就形成两者之间的信息不对称。而企业的经营绩效通常是由代理人行为、能力和一些不确定性因素共同决定，由于两者之间存在信息不对称，这将导致委托人无法准确地辨别企业的经营绩效是由代理人工作的努力程度还是由一些代理人不能控制的因素所造成的，无法准确地判断代理人是否有能力且尽力追求股东的利益，因而也就无法对其实施有效的监督。

三是委托人与代理人之间的契约不完全。不完全合同理论认为，委托代理关系是一种契约关系，但由于不确定性的存在，委托人与代理人之间不可能在事前签订一个完全合同来约束代理人的行为，这就有可能使代理人做出有损于委托人利益的决策并且不被委托人发现。

四是委托人与代理人之间责任风险的不对等。资本所有者把财产经营控制权委托给代理人后，责任风险最终还得由所有者承担；代理人获得企业经营控制权后，名义上权利和义务是对等的。然而，一旦企业出现问题，代理人的损失最多只是收入、名声和职位，这与资本所有者可能"血本无归"的实际责任风险无法简单类比。

由于以上原因，委托人不能使用"强制合同"（Forcing Contract）来迫使代理人选择委托人希望的行动，只能通过设计合适的激励机制来缓解委托代理问题。而在进行激励机制设计时，所需的条件是要满足"参与约束"和"激励相容"。所谓参与约束就是使代理人参加按契约（或委托人）的利益办事时的收益不小于不按契约行事的收益。在市场经济中，每个理性经济人都会有自利的一面，其个人行为会按自利的规则行为行动；如果能有一种制度安排，使行为人追求个人利益的行为，正好与企业实现集体价值最大化的目标相吻合，这一制度安排，就是"激励相容"。因此，在委托代理理论看来，管理制度的中心就是通过设置一系列"激励相容"的制度来解决其中可能存在的委托代理问题。如果不能做到这一点，就会发生"中饱私囊"式的腐败。

24. "萧规曹随"的路径依赖

话说刘邦驾崩之后，萧何在临终前对刘邦的儿子惠帝说："我走后，曹参可以为相。"

人们都说："新官上任三把火。"可曹参做了相国之后，什么都不去改变，不但半把"火"也没烧，而且不顾朝政，整天饮酒作乐。

这事儿很快传到了惠帝的耳朵里，惠帝很纳闷，他也搞不清这位老先生究竟要干吗，于是就派曹参的儿子曹窑去劝说："您看当今皇上还年轻，你身为相国，正应全心辅佐皇上，共同把国家大事处理好，但你一不向皇上请示报告，二从不过问朝中大事，长久下去，怎么治理好国家呢？"哪知曹参听了儿子的话，一怒之下，打了他二百大板，并大骂不止："你一小孩儿懂什么，也敢谈论天下大事！回去侍奉皇上去！"

曹参责打的是自己的儿子，得罪的却是皇帝老子。这下汉惠帝当真生气了。第二天早朝后，惠帝单独把曹参留下来，质问他："你怎么能打曹窑呢？他可是我让去的，有什么话你就直说吧。"曹参一听，赶紧不停的叩头谢罪，然后问惠帝："陛下认为先帝和您谁厉害？"惠帝说："当然是先帝！"曹参又问："我和萧何呢？"惠帝想了想，摇摇头答道："你恐怕要逊色一点。"曹参说："陛下所言极是。既然我们都不比他们二位高明，那么我们就按照以前的规则而不随意更改，这不是很好吗？"惠帝听了，茅塞顿开，连说："爱卿所言极是，爱卿所言极是。"

果然，在曹参担任相国的三年中，老百姓生活得很好。人们编了首歌谣到处传唱："萧何定法律，明白又整齐；曹参接任后，遵守不偏离。"

其实，"萧规曹随"不仅仅反映了曹参对治理国家的理解——"无为而治"；从另一个侧面而言，就是曹参知道要改造"萧规"非常困难，尤其是在"萧规"已被实践证明是治理国家的较有效制度的情况下，如果贸然去寻找一种新的治理路径和方式，有可能适得其反。因此，最好的选择就是遵循路径依赖。

1993年，诺思因为其在制度经济学和经济史学方面的突出贡献，而被授予了诺贝尔经济学奖。在诺思的诸多重要贡献里，有关"路径依赖"的理论是其中之一。"路径依赖"这个词是随着诺思的获奖而逐渐被更多的人所知晓、理解和推广的。

不过，事实是，在诺思之前，就有生物学家提出了"路径依赖"的概念，后来，又被用到对技术应用效果的分析中。这种理论认为，一种技术一旦首先被利用起来，就会产生一种收益递增的趋势，随着它的利用率逐渐提高，其在市场上的地位就越稳固；而它的地位越巩固，也就被应用得越广泛……这种良性循环会使它在市场上的地位越来越强，以一种对自身不断强化的趋势迅速蔓延并直至统治整个市场。在这种情况下，即使有某种比它更先进的同类技术出现，但是由于后者晚到一步，市场已经被前者统治，在市场上很难有容身之地。

由此，我们看到，在技术领域，路径依赖会带来技术锁定问题。那么，在人类的社会生活中，路径依赖又会引发怎样的结果呢？

在社会科学领域，有一个重要问题：为什么一些制度特别是无效率的制度会长期存在而且无法改变呢？为回答这个问题，诺思借鉴了"路径依赖"这个概念。诺思认为，在制度的演进中，同样存在"路径依赖"问题。制度演进的路径依赖是指，一种制度一旦被一个社会所采用，不管这种制度正确与否，都会在一定时期产生自我强化倾向而不容易改变，除非借助于外力才可能摆脱这种状态。诺思进一步指出，之所以存在制度路径依赖，其原因在于：

首先，制度变迁中存在规模效应和沉没成本。制度的建立和实施

要花费大量的成本，这种成本一旦投入就无法收回。

其次，存在学习效应。制度创造收益的能力会引导人们互相效仿和学习，加速该制度的发展和扩散，越多的人采用某种制度，该制度就越难改变。

再次，存在协作效应。一种制度一旦实行就会有相关配套的措施被执行，产生协同影响。

最后，既得利益约束。利益因素是路径依赖产生的深层次因素。一种制度形成以后总会产生一批该制度下的既得利益者和既得利益集团，这些人总会对各种试图改革现存制度的行为予以压制和打击，即使这种变革对大多数人是有利的。他们会想方设法维护既有的制度，尽可能扩大利益获取的范围，延长自己的统治时间。这是制度变迁过程中碰到的最大障碍，也是最难解决的问题。

诺思认为，以上四个方面的原因会使制度具有一种在其原来的路径上始终保持下去的惯性。正是这种"制度自我强化机制"的作用，使得一个社会一旦选择了某种制度，无论它是否有效率，都很难再从这种制度中摆脱出来。

在诺思从制度方面研究了路径依赖问题后，管理学家和行为经济学家则通过实验来进一步探讨路径依赖的心理基础。比如，有人做了这样一个实验：将5只猴子放在一只笼子里，并在笼子中间吊上一串香蕉，只要有猴子伸手去拿香蕉，就用高压水教训所有的猴子，直到没有一只猴子再敢动手。然后用一只新猴子替换出笼子里的一只猴子，新来的猴子不知这里的"规矩"，竟又伸出上肢去拿香蕉，结果触怒了原来笼子里的4只猴子，于是它们代替人执行惩罚任务，把新来的猴子暴打一顿，直到它服从这里的"规矩"为止。试验人员如此不断地将最初经历过高压水惩戒的猴子换出来，最后笼子里的猴子全是新的，但没有一只猴子再敢去碰香蕉。起初，猴子怕受到"株连"，不允许其他猴子去碰香蕉，这是合理的。但后来人不再介入，也没有高压水枪了，而新来的猴子仍然固守着"不许拿香蕉"的制度不变，这就是管理心理学上著名的路径依赖理论。

于是，我们就可以看到，在"路径依赖"的作用下，一旦我们选择进入某一路径（无论是"好"的还是"坏"的），都可能对这种路径产生依赖，从而强化我们的某一种行为。

不管是技术领域，还是个人行为，以及社会制度和社会形态方面，都存在着大量的路径依赖现象。因此，好的起点异常重要！

25. "焚书坑儒"的思想市场

公元前 221 年，中国历史上第一个大一统的中央集权王朝——秦朝建立。由于当时社会上百家争鸣，严重地阻碍了秦始皇对征服的原六国民众思想的统一，并威胁到了秦朝的统治。

在始皇三十四年（公元前 213 年），在秦始皇于咸阳宫举行的宫廷大宴上，发生了一场师古还是师今的争论。在宴会上，仆射周青臣，面腴秦始皇，吹捧他自上古不及陛下威德。博士淳于越针对周青臣的腴词提出了恢复分封制的主张。秦始皇听后不动声色，把淳于越的建议交给群臣讨论。丞相李斯明确表示不同意淳于越的观点。为了别黑白而定一尊，树立君权的绝对权威，他向秦始皇提出焚毁古书的三条建议。秦始皇批准了李斯的建议。在宴会散后第二天，就在全国各地点燃了焚书之火。不到 30 天时间，中国秦代以前的古典文献，都化为灰烬。留下来的只有皇家图书馆内的一套藏书。

在焚书的第二年，又发生了坑儒事件。坑儒是由一些方士、儒生诽谤秦始皇引起的。秦始皇在攫取到巨大权力和享受到荣华富贵之后，十分怕死，他异想天开地要寻求长生不死药。方士侯生、卢生等人迎合其需要，答应为秦始皇找到这种药。按照秦律谎言不能兑现，

或者所献之药无效验者，要处以死刑。侯生、卢生自知弄不到长生不死药，不但逃之夭夭，而且诽谤秦始皇天性刚戾自用，专任狱吏，事情无论大小，都由他一人决断，贪于权势等等。秦始皇听后，盛怒不可抑止，以妖言以乱黔首的罪名，下令进行追查，并亲自圈定460余人活埋于咸阳。这即是所谓的"坑儒"事件。

对于中国历史，大家都不陌生。我们知道，"焚书坑儒"事件之后，思想、文化服从、服务于政治和统治集团，就成为中国历代历朝统治者的必选项目。汉代的统治者为维护统治，推行了"罢黜百家、独尊儒术"之策。这一策略被后来的统治者所尊崇和推广。到了隋朝，隋炀帝开始搞科举制。科举制一方面奠定了中国发达的文官官僚系统，但另一方面，则由于其考试的内容和方式，严重地束缚了自由思想市场的发展，扼杀了人们的创造力。宋代时期，由于皇家的宽容和支持，在苏东坡、黄庭坚、米芾等天才的努力和创作下，文化艺术有了长足的发展，但思想上的创造却没有什么进展。元代则由于统治者的野蛮无知，导致中国经济文化出现了大退却，思想市场更是一塌糊涂。明清时期，不仅未见欧洲思想启蒙运动，反而由于统治者的钳制、迫害，出现了多次的"文字狱"，思想的自由了无踪影。19世纪末20世纪初，由于皇权统治的结束，中国终于迎来了一次思想大解放、大自由的黄金时期，并产生了璀璨的思想成果，涌现了像梁启超、胡适、鲁迅、蔡元培等诸多的思想大家。改革开放后，我国在许多方面有了很大的进步，思想市场的自由和开放也取得了重要进展，但还存在着不少的禁锢与钳制，与知识和思想创新所需要的氛围还有一定的差距。

那么，什么是思想市场？自由的思想市场有何重要性？对思想市场的压制、禁锢有何危害呢？

简而言之，思想市场是一个要素市场。我们知道，市场经济是建立在各种要素市场和产品市场的基础上的。生产的要素包括土地、资本、劳动力和思想（知识）。思想市场就是进行思想（知识）的生产、交易和传播的市场。

纵观历史，人类之所以走到了今天，思想市场在其中起到了决定性的作用。我们知道，就物质要素来说，地球还是那个地球，土地、自然资源等物质要素并没有增加。可是为什么我们的经济增长了，人们享有的东西增加了，生活水平提高了呢？因此，我们可以断定，没有别的增长源泉，唯一的源泉就是知识和技术进步了。而知识和技术的进步，则取决于思想市场。通观人类历史，不难发现，但凡思想市场比较自由的时期和国度，则知识进步快、国家繁荣；而一旦思想市场受到禁锢，则知识进步慢、人民蒙昧、经济增长缓慢。中国的战国时期和古希腊时期之所以被称为人类的"轴心时代"，根本就在于，这个时期，自由的思想市场里百家争鸣，带来了璀璨的思想、繁盛的知识和快速的经济增长，奠定了人类的哲学基础、文明基础乃至政治学基础。而资本主义之所以率先发端于欧洲，而不是中国，其根本原因也在于15、16世纪，欧洲经历了文艺复兴运动的思想洗礼，而同时期的中国，则在明朝"文字狱"、闭关锁国和皇权一统的钳制下，思想市场遭受着严厉的管控和洗劫。到了今天，我们回顾对比一下，改革开放前后的中国，也不难发现思想市场对于中国经济和社会发展的重要性。改革开放后，在"解放思想"的浪潮下，中国的思想市场其自由度在不断的提高，其开放度在不断的增强，于是，经济增长、社会进步和知识繁荣，就成为思想市场的一种副产品而涌现出来。

凯恩斯曾说，当下政治家所推行的政策不过是已经过时了的理论的实施而已。我们可以批评很多政治家所带来的社会损害，甚至是社会灾难，但我们还应该看到，这些带来社会灾难的政治家之所以这样做，和他们生长的思想环境有关。

就思想市场对中国的重要性而言，1991 年诺贝尔经济学家获得者、20 世纪最具原创性的经济学大师科斯曾说道："回顾中国过去三十多年，所取得的成绩令人惊叹不已，往前看，未来光明无量。但是，如今的中国经济面临着一个重要问题，即缺乏思想市场，这是中国经济诸多弊端和险象丛生的根源。

在一个开放的社会，错误的思想很少能侵蚀社会的根基，威胁社会稳定。思想市场的发展，将使中国经济的发展以知识为动力，更具可持续性。而更重要的是，通过与多样性的现代世界相互作用和融合，能使中国复兴和改造其丰富的文化传统。假以时日，中国将成为商品生产和思想创造的全球中心。你们中的一些人，或许将有机会看到这一天的到来。"

鲁迅说：天才并不是自生自长在深林荒野里的怪物，是由可以使天才生长的民众产生，长育出来的，所以没有这种民众，就没有天才。因此，在有天才之前，产生天才的土壤更重要！

而我要说，自由的思想市场就是产生人才的土壤，没有自由的思想市场，就不会有大批人才的涌现，更不会有现代文明的涌现。

第 二 篇

现实故事的经济学解读

一、现实故事中的行为和选择

26. "忠心耿耿" 的替代难题

一天，朋友给打电话，说心情不好，想约我出去喝两杯，吐吐苦水、解解闷。朋友四十多岁了，我的忘年交，是一家企业的老总，平时挺开朗豁达的。我很诧异，今天怎么就郁闷了呢？是不是事业上出了问题……一见面，他就感慨道："忠诚哪？咋就那么难？我怎么也在这问题上栽了呢？"一阵闷酒之后，终于知晓了朋友苦闷的根源——事情都与忠诚有关。

首先朋友告诉我说自己要离婚了。我诧异不解，朋友夫妇一直是我们这些小兄弟敬仰的模范，很恩爱，几十年相濡以沫，患难与共。可是今天是怎么回事，怎么就离了呢？曾经那么忠诚那么恩爱的一对也要赶时髦？朋友说，是自己出了问题，对不起老婆。原来，朋友一表人才，事业有成，公司的女职员中喜欢他的不少，他一直以来都在努力抗拒着来自她们的诱惑。但一位女职员，她身上具有一种自己的糟糠之妻所不具备的气质、神韵。开始时，他曾努力着不让她走近，努力维持着对妻子的爱，但自己对妻子的忠诚最终还是未能经受住诱惑的考验……到今日，事情已无法挽回，他和相爱了多年的妻子就要走向婚姻的终点！这让他懊悔不已，伤感不已。

第二件让朋友感伤的事情是，朋友曾经的一个下属，很欣赏并重用的下属，却跳槽到了他的一个竞争对手那里。谈话间朋友还很气愤，说自己怎样怎样的栽培他，传授他为商之道、做人之道，并对之

委以重任，信任他，放手让他干，可他却知恩不报，另投他人。朋友很懊恼地说："要是我去年不把他安排在销售部当经理，而是让他一直搞内勤，他或许就不会走了，毕竟内勤少了很多来自外部的诱惑和替代，没有了替代，他就不会走了。"

朋友继续倒苦水，喝闷酒，完了，感慨万千地说："没有替代，才会忠诚哪！"

朋友的故事何等熟悉？婚姻的忠诚与背叛，雇员和老板间的忠诚与背叛，生意伙伴间的忠诚与背叛，朋友间的忠诚与背叛，公民和国家间的忠诚与背叛，组织和成员间的忠诚与背叛……背叛难道仅仅是因为有了替代的出现？难道没有替代，就会忠诚？

忠诚是一个内涵很复杂的概念，来自词典的定义是指对国家、对人民、对事业、对上级、对朋友等真心诚意、尽心尽力，没有二心。

然而从本质上讲，忠诚是一种长期或深度的承诺。如，婚姻中其承诺的内容是"执子之手，与子偕老"，婚姻双方承诺既做到行为忠诚又做到态度忠诚。又如，在市场营销中，迪克和巴苏（Dick & Basu，1994）将忠诚定义为对重复购买的一种长期承诺，并将其分为顾客长期大量重复地购买某一品牌产品的行为忠诚和顾客对该品牌已产生了情感上的接纳、信任和依赖的态度忠诚两个维度。但不管怎样定义，其内涵应是一种深度的承诺和心理契约关系，正是这种深度的心理契约关系，使双方的合作得以成本较低地长期维系，并使忠诚具有了很高的价值。

在契约关系建构的社会里，忠诚、信用是最重要的链接纽带，任何欺骗和背叛都可能破坏这种链接。当事的任何一方违背了彼此忠诚的承诺，双方间的契约自然就被撕毁了。夫妻之间，朋友之间，同事之间，商家与顾客之间……就是在这种契约的约束下彼此承担着相应的权利和义务，正是这种权利义务，将现代社会的人与人连接起来，使各方能以较低的交易成本将他们间的合作关系持续的维持下去。但这种契约关系并不是牢不可破的，由这种契约所规定的权利和义务，会随着局限条件的变化而改变，一旦外部的局限条件发生了较大的改变，突破了某个临界点，这种契约关系就会瓦解。而在影响忠诚的众多的局限中，替代的多少和替代的程度，就成了培育忠诚和考验忠诚的最大的决定因素。于是，替代与忠诚的关系也就成了我们思考的命题所在。

是的，"没有替代，才会忠诚！"此命题颇具理论价值的一面，而且该命题被人类行为不断地验证着、实践着。没有替代，人们就没有了诱惑、失去了选择的自由和权衡比较的机会。"只此一家，别无分店"的垄断经营下的消费者只能忠于该垄断商，因为没有可供他们选择的替代产品或服务……所以，当个体面临的选择自由被极大地压缩时，当没有可供他们选择的替代出现时，当他们甚至不知道是否存在替代物时，他们只能选择忠诚。

但这只是问题的一方面，问题的另一方面是，没有替代就意味着垄断，而垄断意味着高额垄断利润，故人们总是在想方设法地阻止替代的出现，为自己建立某些方面的垄断势力。在经济市场中，企业会千方百计的寻租以获取政府授予的垄断经营权，或百计千方的制造产品或服务的差异化，以获取垄断利润……

然而，问题是，没有替代下的忠诚为何物，是真的忠诚吗？没有替代，如何界定忠诚，又如何衡量忠诚？没有替代，人们只能选择忠诚，此时谈论忠诚有何价值呢？在某种程度上，我们可以说："没有替代，忠诚有何用处？"这是因为：

其一，没有替代的情况下，忠诚无法界定和衡量，此时的忠诚多是伪忠、假忠、愚忠。忠诚是一种心理评价物，而任何心理评价都必须要有参照和标准作为准则，否则评价无法进行，缺乏替代，就缺少了评价的参照和标的，人们无法知道什么才是真实的忠诚、有价值的忠诚。例如，垄断行业由于缺少竞争压力，从而没有降低成本的动力，其经营必然是非效率的，其成本较之竞争下的成本必然偏高许

多。对此，周其仁说："没有竞争，不知成本为何物。"

其二，没有替代下的忠诚不是一种"激励相容"的"自我实施"的忠诚。没有替代时，人们不知道自己的真实需要是什么，或由于信息的不可得而不知道是否有更好的替代来满足自己的需求，或为了保全自身而不得不忠诚于某物或某人。因而这种忠诚是不稳定、不可维持、非自我实施的。

面对替代，面对巨大的、多样的诱惑，一个人还能忠诚，此时他的忠诚是真实的、坚定的、有价值的、难能可贵的；此时的忠诚才是激励相容的忠诚，才具有信号显示的功能。这是因为，替代的出现，会改变一个人面临的选择空间和支付函数，替代的种类越多，替代的程度越深，他/她的可供选择区间就越大，支付函数变动的也越厉害，此时坚守忠诚的成本也就越高，而选择背叛的收益却会越大，故很多人会选择背叛而不是忠诚。考验忠诚的，不仅仅是共患难，更多的是能不能同幸福！因而我们说：有了替代，忠诚方显价值！

因此，从忠诚与替代间的关系，我们可以得出两个命题：

命题A：没有替代，才会忠诚。

命题B：没有替代，忠诚有何用处；有了替代，忠诚方显价值。

27. "眼高手低"的权衡之道

一日，我与朋友聚会，席间不知不觉就聊到了眼高手低。我问他："很多人对眼高手低持批判态度，作为公司老总，您是怎样看的？"朋友思忖了一会，说："对于一些会讲不会做的人，统统贬之为眼高手低，我觉得有点冤枉。手低固然不甚好，但眼高做来也不容易，没有一定分析力、判断力，眼怎么也高不起来，是非不辨、黑白不分、浑浑噩噩者为数不少。这些人眼怎么也高不起来，更难望这些人的贵手有高起来之日。我公司招聘人才，历来从眼界开始。同样学历、同样经验、同样年龄和性别，眼高者得。道理很简单，一场面试，只能考察应聘者对事物的态度、对业务的认识、对社会的了解……如此种种都只能反映出这个人的眼界。至于工作起来是否称职，这完全是录取后的事，所以手高与否，对于选用人才显得并不十分之重要。眼高，投入工作以后可以慢慢锻炼，逐步提高效率，使手也高起来。眼低者，不可救药也！我无意为'眼高手低'者辩护，最好当然是眼高手高，风流倜傥，一表人才。但成才有个过程，一般人总是从提高眼界开始，能提高眼界已经是准人才了。今时今日准人才也不易得……而且，可能眼高手低还包含了其他方面的经济学的含意，你是学经济学的，可以思索一下为什么存在眼高手低？眼高手低中又蕴涵了哪些经济学的理论……"

眼高手低在多数国人眼里是一个贬义词。人们常常用这个成语来指一些人老想着干大事，小事不屑于做；即使做了，感情上老大不情愿，心理上也觉得不舒服受委屈，当然有这样心态的人小事肯定是干不好，连小事都干不好的人，怎么能干大事呢？所以，对这种人千万

不要给他委以重任，如果委以重任，十有八九事情做不成。

然而，在经济学看来，眼高手低具有很强的合理性。这是因为：

其一，眼高手低是专业化分工和发挥比较优势的必然。分工和专业化是生产率得以提高的关键，也是促进创新、加快知识发展、提高经济增长率和促进人的自由和解放的根本途径。因而，亚当·斯密在其伟大的《国民财富的性质和原因的研究》一书中，深刻地论述了分工和专业化所带来的影响，认为分工和专业化能提高人的工作熟练程度从而提高其生产效率，能促进技术进步和节约在不同工种间的转换时间。因而，在技术和知识的创新上、在企业管理及人类的各项活动中，必须奉行分工和专业化的原则。后来，比较优势理论则进一步为分工和专业化提供了理论支持，认为，建立在比较优势上的分工和专业化能极大地促进效率和一国福利的提高。具体来说，在企业里，企业家的主要价值和任务就是做决策和进行战略构思，指引企业的未来和为企业奠定基本的制度和价值观，因此他必须要眼高，具有很高的眼光和战略能力。如果让其纠缠于企业的日常琐事，从事那些手高的技术活（如：财务报表的设计和财务的统计、一项新技术的创新和一种新产品的设计、数控机床的操作等），其结果只能是企业经营得一塌糊涂，甚至破产。因而，企业家是"创新的灵魂"，即企业家的主要职能就是领导企业创新和构建、推行企业战略和塑造企业价值观。而其他的员工则各司其职，在各自的岗位上利用其专业优势来为企业创造价值。

其二，眼高手低是降低决策成本的需要。由于不确定性，未来无法完全预知，任何对未来的预测都是有风险的，而决策是面向未来的，因而决策水平的高低、决策的好坏将直接决定未来的收益流，决策失误将导致高昂的损失即决策成本。决策成本的高低与决策者的眼光的高低是高度相关的，如果决策者具有极高的战略眼光，能准确把握事态的发展趋势，能作出符合未来环境并充分发挥自身优势的决策，就能有效地降低决策成本。因而，管理学者说人们在进行决策选择和从事任何事情时，首先要选择做正确的事，然后才去正确地做事，这是提高选择和行为效率的根本原则。对企业经营者来说，如果其眼不高，结果将或者是决策过程拖得很长、丧失最优的市场机会；或者是做出错误的决策，将企业带入深渊。对一个员工来说，如果他眼不高，不知道企业的发展要求或上司的意图，不知道什么事情是正确的事情，那么即便他手再高、再勤，也只能是事倍功半甚至是帮倒忙。

其三，眼高手低是权衡取舍、降低搜寻和学习成本的需要。我们生活的世界是一个资源（自然资源、物质资本、时间甚至感情等）稀缺的世界，同时资源并不是只有一种用途，因而我们必须对各种资源的最佳用途作出选择，即进行权衡取舍，使资源的配置效率最大化。眼高手也高，是人们普遍期望达到的境界，其获得需要付出长年累月的努力，需要一个人具有较高的天赋的同时，还要不断的学习、阅读、思考、实验或调查、丰富的经历、体系完善的培训，以及良好的环境和机遇。而这种理想化的条件现实中往往不可得，因而人们必须在眼高和手高中作出权衡取舍，或者选择手高而舍弃眼高，或者选择眼高而舍弃手高。

同时，由于信息不对称，在人们想要选择使自己的智商、学习资源的使用效率最大化时，必须要去搜寻相关信息，而信息的搜寻过程是需要花费成本的。如果一个人眼不高，不能在浩如烟海的书籍和文献中，找到经典的著作，搜寻到最适合自身的信息、最能启迪自己的书和文献、最能促进自己思考和进行创造的资料、最能提高自己技巧的方法以及做学问、做事的最佳方式，而是胡子眉毛一把抓，见到什么就学什么，那其学习结果可想而知是无效率或低效率的。何况学习过程也是成本高昂的，不加选择的学习，囫囵吞枣式的学习，其结果只能是耗费了很长的时间和精力，但对于学问之道、之术却无甚

长进。

其四，眼高手低是革新教育制度、培养创造性人才的需要。目前，我国的教育制度存在许多方面的误区和不合理因素，其中的一个方面就是很多家长、老师只注重培养小孩的"手高"，而不注重培养其眼高。他们认为，要成为一个具有竞争性的人才，掌握各种技能才是最重要的。而对如何提高孩子的"眼高"，培养孩子的创造性思维、健康的人生观、做人做事做学问的方法论等方面则不闻不问、漠然视之。孰不知，idea（理念或观念）才是真正重要的成功要素。对于此，西方人常说，提出一个好的问题远比解决一个问题更重要。在学术史和人类的发明创新史上，很多大师之所以为大师，不是因为他们的技能有多高，而是因为他们提出的创造性的问题和理论改变了世界的运行和人类对世界的看法。李嘉诚说："栽种观念，成就行为；栽种行为，成就习惯；栽种习惯，成就性格；栽种性格，成就人生。"也就是说，idea（理念）才是我们成功的根源。没有创新性idea 的人或民族，即便其"手"再高，也只能是一个三流的人才或民族。所以，我们必须革新当前的教育制度和教育思维，从单纯地注重培养孩子的"手高"方面转向注重培养孩子的"眼高"上来，着力培养创新性的人才。

28. "大学被拆墙" 的一厢情愿

2005 年，我在南方某著名高校读研究生。在学生宿舍区的围墙外，有一条专门经营餐饮和日杂的商街，大约有 30 多家风格不同的食肆和日杂用品店，由于其物美价廉，服务周到，广受学生欢迎，学生用餐、聚会、购物多集于此，因此此地热闹非凡，店家的生意甚是丰隆。学生在以较低的货币支付获取店家精美、味鲜的佳肴的同时，也享受着苦读之余同学聚会带来的情感满足，因而学生对此街依赖甚重、感情颇深，对之美其名曰"堕落街"。而通往"堕落街"的只有一个小门，叫小×门。2005 年 3 月，一是为迎接广州市卫生大检查，二是学校以一种"慈父情怀"出发，认为"堕落街"管理混乱、不够卫生，学生长期聚会、购物于此会导致不健康和事故的发生，故校方在未经相关各方协商并取得一致的情况下兀自将小×门封了。然而，第二天小×门侧面的围墙被打出一个很大的洞口，于是乎"堕落街"再次畅通无阻、店主们继续沿街经营、同学们笑逐颜开，复又"堕落"其中（后来获悉，被断了财路的"堕落街"店老板们联合起来，在半夜将小北门旁边的围墙推倒，重新给自己开辟了一条活路）。校方十分困惑：自己一腔美意换来的却是如此结果？店主们反对可以理解，怎么就连自己的学生也要反对？这可是为了他们的利益着想呀！他们怎么就不理解学校如此做的苦衷呢？——而同学们在学校 bbs 上对此事的评价是：冲动的惩罚——都是一厢情愿惹的祸！

从历史和现实来看，一厢情愿往往没有好的结果。而在经济学看来，一厢情愿的代价既是高昂的，也是多方面的：

一是一厢情愿会侵害他人自由选择的权利。一厢情愿是当事一方从自己单方面的利益或愿望出发，漠视他人独特的口味、喜好和个体特征，几乎不考虑对方的偏好和感受，更不用说从对方的立场出发来考虑问题、实施决策了，必然压缩他人选择空间，侵犯他人自由和各种权利（财产权、人身权、交易权、自由恋爱权、宗教信仰权等等），使他人的利益受害福利受损。

二是一厢情愿会增加行为主体间的冲突，加剧社会的不稳定，导致交易成本的增加和社会福利的损失。各人都有其自身的利益，行为的一方如果只以自己的利益和想法为出发点，一厢情愿地为他人拿主意、定决策，结果往往是"好心办坏事"，从而引起他人的反感、

反抗。

三是一厢情愿会阻碍社会信誉的建立、使实施者的公信力下降。具体来说，一方面，一厢情愿者的决策失误，会使他人对其的信任下降，引起其公信力危机。由于信息的不完全、知识的不完备及受短期利益的蒙蔽，一厢情愿实施者并不能保证其决策永远正确、永远能恰当的反映他人的利益和意愿，而一旦其决策失误，就会引起其公信力危机。另一方面，古语说"公能立威"，而一厢情愿者是很难做到公正、公平的，即使其能做到公正、公平，但如果其未能遵循市场规律和尊重其他利益主体的利益，亦会引起其权威的丧失。例如，政府在制定和实施政策时，如果不考虑到公民的理性预期及对自己利益的珍视，就会出现货币学派和理性预期学派所说的"政策的无效"，引起政府失灵，从而降低其在民众中的威信甚至丧失其合法性。

当然，一厢情愿还会带来其他方面的危害，如导致当事人决策失误，引起企业和个人的重大经济损失；阻碍思想和观念的创新、传播，使社会进步缓慢；阻碍社会的多元化，使社会走向独裁等等。

既然一厢情愿的代价如此不菲，为什么人类历史上还会不断地出现一厢情愿的悲剧或闹剧呢？我认为，隐藏在一厢情愿行为背后的原因如下：

第一，施予者的致命的自负。一厢情愿者总是认为自己的想法才是对的，自己的决策才是正确的，自身拥有超越别人的智慧、经验和知识，具有别人无法比拟的观察力、敏锐性和决断力，眼光高人一等，阅历比人丰富，判断比人准确，信息比人灵通和全面，因而，由他来替代别人作决策和作选择，能更好地理解当事人的利益和需要，能最大化当事人的福利。而自负主要源于以下三方面：一是无知，无知者无畏，一个无知到不知道自己无知的人往往是非常的自负的；二是信息的不完全，当一个人或组织面临的信息不完全时，是无法知道他人的行动空间、行动策略和最后的支付函数的，也无法感知他人真

正的需要和幸福是什么，但为搜寻信息需要支付很高的信息成本，故他宁愿选择一厢情愿的做法以降低其决策成本和信息搜集成本；三是某些方面具有垄断的知识或独一无二的经验，使之在群体中享有较高的威望，如果他以前曾作出过几次较为正确的判断和决策，其自信心就会得以膨胀。

第二，权利界定的不力及对权力和知识（信息）的垄断。有效的权力界定和保护是建立自由秩序、公民享有自由选择和发展民主的基础，也是降低交易成本、建立有效的市场制度和享受来自贸易及专业化分工的基石，同时还是建立有限政府、约束政府行为和防止独裁的根本。权利界定和保护不力，必然导致某些拥有垄断性力量的人随意侵占共有财产或将他人劳动果实（财富）据为己有，宁愿掠夺而不愿维护秩序、鼓励长期投资。同时，与一厢情愿相伴相生的还有对知识（信息）的垄断。知识（信息）对一厢情愿者来说，是不能替代的重要资源，唯有垄断了知识，他才能长期获得一厢情愿带来的垄断租，而不必承担来自其下属的质疑、抗议。

第三，缺乏法治思维和传统。从某种意义上说，法律应体现三个方面的内容：一是有效的保护和尊重私有产权、个人自由和契约自由；二是强调权力的制衡，尤其是对高层权力的制衡；三是强调对少数人的保护。但法治思维的真正精髓是一种博弈思维，一种站在他人立场想问题的思维，一种控制自己随心所欲任意作为的思维，即我们经常所说的"换位思考"、"己所不欲，勿施于人"。

第四，理性的无知和集体行动困境。一厢情愿悲剧的发生，还与被施予者的理性的无知和集体行动的困境有关。当施予者的一厢情愿的行为的受众有很多时，每个受众此时可能的最优策略是保持理性的无知和搭便车。普通受众认识到他个人的行为或选票对施予者的行为或当选的影响是微乎其微的，而如果他要获取有关施予者的信息，将独自承担信息成本，因而理性的受众保持无知是一种最优选择。同

时，受众众多时，就会出现搭便车行为，使得集体行动很难组织以有效地对抗来自一厢情愿的施予者的侵害。

伟大的哈耶克说：通向奴役的道路往往是由良好的愿望的砖石铺成的。一厢情愿呢？往往只能铺就通向泪水和悲剧的痛苦之路。

29. "离婚失算" 的理性难题

罗伯特·卢卡斯（Robert Lucas, Jr.），经济学大师，理性预期学派的奠基人，被誉为当代宏观经济学的缔造者。

卢卡斯认为，人是理性预期的，人们会参照过去历史提供的所有知识，对这种知识加以最有效利用，并经过周密的思考之后，才做出决定。卢卡斯把理性预期假说应用于宏观经济分析中，借以说明产出、就业和失业的总水平。卢卡斯的经济周期理论，也是以理性预期假说为基础的。他认为，信息不完全性和由此引起的相对价格变动与绝对价格变动的混淆，是产生经济周期的原因。卢卡斯的结论是，经济滞胀病是误入歧途的政府长期实行凯恩斯的政策规则的恶果。在存在理性预期的情况下，政府的政策只有"欺骗"公众才能发挥作用。

但公众是不会长期受骗的。一旦公众形成了理性预期，则任何政策都无效。所以，政府不要试图运用经济政策来改变产出、就业等实际变量。政府应该把最理想的一般物价水平作为唯一的政策目标。

正是由于其在理性预期方面的开创性贡献，卢卡斯在 1995 年获得了诺贝尔经济学奖。

不过，富有讽刺意味的是，卢卡斯没有想到自己有机会获得诺奖，但他的前妻却"非理性预期"到了这一点。卢卡斯与前妻 1982 年分居，1989 年正式办理离婚手续。在办手续时，前妻提出：若是卢卡斯在 1995 年年底前获得诺奖，她要分得全部奖金的一半。卢卡斯心想：获诺贝尔奖，这不是开玩笑吗？他因此漫不经心地答应了。7 年后，也就是 1995 年 10 月 10 日，诺奖评审委员会宣布了卢卡斯获奖的消息，此时离前妻约定的最后期限只差 80 多天，卢卡斯不得不按离婚合同分给丽塔一半奖金——税后 30 万美元。卢卡斯后悔不已，认为丽塔简直是女巫！

"理性预期"并不是说一个人是全能全知的、能事先知晓未来将可能发生的一切的。"理性预期"更多指的是人们在博弈中，对他人策略所可能采取的反应；以及对自己行动后，他人可能采取的反制策略的推测。而且，在此过程中，人们会主动地去收集信息，并利用所能掌握的一切信息来测度对手行为、自己的最优策略以及产生的结果。因此，卢卡斯更多的是在强调人们会利用信息自觉地对他人行为作出反制，以及这些反制行为可能带来的宏观经济后果。而不是说，人们有多厉害，会全知全能。事实上，作为一种生物，人是"有限理性"的。"人是有限理性的"，这一表达，包括两个方面的含义：一是环境是复杂的，在非个人交换形式中，人们面临的是一个复杂的、不确定的世界，而且交易越多，不确定性就越大，信息也就越不完全；二是人对环境的计算能力和认识能力是有限的，人不可能无所

不知。

到这里，各位朋友，你是不是就认定卢卡斯和他的"理性预期"理论没有什么用处呢？

答案是否定的！

恰恰是依靠卢卡斯及其"理性预期"理论，我们知道了凯恩斯主义的弊端！

在第二次世界大战后大约30年里，凯恩斯经济学成为西方经济学界的正统经济学。在实践中，凯恩斯主义的理论和政策，有力地促进了西方国家经济的发展。但是，在20世纪60年代末70年代初，西方国家经济普遍陷入"滞胀"困境之后，凯恩斯主义的理论和政策失灵了。所谓"滞胀"是指经济萧条、大量失业同严重的通货膨胀同时并存的经济现象。按照凯恩斯主义的理论分析，西方国家经济的主要问题是有效需求或社会总需求的问题，即有效需求不足的问题。而靠私人部门，是无法解决有效需求的，因此，就需要政府出面，实行需求管理来刺激或平抑经济。也就是说，在经济中出现萧条和大量失业的时候，政府应实行扩张性的财政政策和货币政策，以扩大社会总需求，进而扩大产量，增加就业，最终实现充分就业。而在经济中出现严重的通货膨胀的时候，政府则要实行紧缩性的财政政策和货币政策，以缩小社会总需求，进而减少通货膨胀的压力，最终消除通货膨胀。

政府的这种在不同经济状况下，以财政政策、货币政策调节经济的行为被称作"相机抉择"或"逆经济风向行事"。可是，在"滞胀"的局面之下，政府的行为处于一种"两难"的处境：如果采取扩张性政策来刺激经济增长和就业，通货膨胀率就会进一步抬高；而如果采取紧缩性政策来平抑物价，经济增长和失业率则会更糟！

既然凯恩斯经济学面对着"滞胀"的局面一筹莫展，那么，经济生活便需寻求新的理论和政策，以解决现实所提出的新的经济问题。于是，一些原来扮演次要角色的经济学家、经济学流派（如货币主义学派、新制度学派）便纷纷登场，出台亮相。他们在批评凯恩斯经济学的大合唱中，调门很高，一面批评凯恩斯经济学的缺陷，一面宣扬自己的理论和政策主张。理性预期学派便是在这样一种形势下兴起的。卢卡斯等人循着理性预期的思路，阐发了诸如工资、就业、失业、货币、通货膨胀、经济周期、政府行为和经济政策的作用等一系列理论问题，并猛烈批评凯恩斯主义的理论和政策，形成了独具特色的理论体系——新古典宏观经济学。这种建立在"理性预期"基础上的宏观经济学强调人们之间的相互博弈以及这种博弈对政策有效性的影响。他们主张，能被人们预期到的政策往往会因为"上有政策下有对策"而走向无效，只有那些未被人们预期到的政策才会产生一定的效果。因此，政府不能轻易地推出刺激性政策。因为，这样的政策，不仅会在人们的"理性预期"下走向无效，而且会带来更高的失业率和更高的通货膨胀，并进而引发更严重的经济危机。

在婚姻上失败的卢卡斯，在经济学上却是一座高耸入云的巍峨大山，值得我们敬仰和铭记。

30. "建实偏离"的竞争策略

近日，我到超市购物，发现某知名品牌的牙膏的实际售价与包装盒上书的"建议零售价"并不相同，而是低于"建议零售价"近10%。我疑惑，这是一种偶然的个案，还是一个普遍现象呢？于是，又走看了另外几家超市和一些服装市场，发现这种现象普遍存在。同时发现，牙膏、方便面之类的小商品的"建议零售价"或"统一零售价"往往与实际售价相差无几，但不少服装标签上标着的"全国统一零售价"、"建议零售价"就远远高于实际销售价格。如在某商场选购某品牌服装时，看到一件衬衣标价牌上标着"全国统一价398元"，而实际售价却是88元。

同样的景象也出现在车市。多数汽车厂家都会提出一个指导价，然而，经销商的售价却远远低于该指导价。如去年我走访多家4S店时发现，除第九代雅阁因货源紧张，按指导价售车外，其他各品牌4S店均在厂家指导价基础上优惠卖车，最高的优惠达到3万元之多，如：凯旋优惠2.5万元、新景程最高优惠2.3万元、2013款君越最高优惠2.33万元……

此外，据自己调查和上网查询，我获知了更多的关于"建议零售价"（或全国统一价）与实际售价之间的差别，而这种差别是依不同的商品类型而言的。基本而言，品牌化妆品的"全国统一价"基本统一，电子产品的"建议零售价"多是最高价，服装鞋帽的"建议零售价"或"全国统一价"则形同虚设，礼品市场的"建议零售价"则水分大大的！

于是，问题有二：一是，既然"建议零售价"或"全国统一价"

或"指导价"并不真正起指导作用，企业（商家）为什么还热衷于搞这些呢？二是，什么决定了实际售价与"建议零售价"之间的偏离？

根据我的调查，之所以会产生价格的"建实偏离"，是因为"建议零售价"是一种策略性竞争行为，具有以下作用：

一是，"建议零售价"能加大买卖双方的信息不对称。信息不对称是市场的常态，一般来说，买的不如卖的精，卖方在信息拥有量上占优于买方。因而，卖方就可以利用信息不对称来实施价格歧视，针对不同的买者收取不同的价格，信息多的买者讨价还价能力强，就收低价；信息少的则收高价。

信息不对称的程度也解释了为何牙膏、洗衣服等日常必需品与服装、礼品等商品所具有的实际售价与"建议零售价"的不同偏离程度。对于生活必需品而言，由于长期的频繁的购买活动，消费者获得了许多细节性知识，对其成本价格和出售价格等信息非常了解，故此时，产家很难通过"建议零售价"等方式来加大双方间的信息不对称程度。而对于服装、礼品等，其一，由于商品的特性（如面料、做工等）更复杂，不同质程度更大；其二，消费者购买的频率更低，所以其细节知识更少，获取信息的成本更大，故产家（商家）就可以通过"建议零售价"来拉大买卖双方间的信息不对称，为自己实施价格歧视打下一个占优位置。

信息不对称同样可以解释为何不同的消费者在购买同一商品时会支付不同的价格。"建议零售价"为商家设立了一个幌子，有助于其利用自己的信息优势对不同的消费者收取不同的价格。信息占有少、获取成本高的"轻信型"消费者将受到卖家的"剥削"，支付较高的价格；信息占有多、获取成本低的"经验型"消费者将支付较少。

二是，"建议零售价"能改变消费者的保留价格。消费者在购买商品时，通常都会设置一个保留价格（即最高支付价格），并在此基

础上与卖家讨价还价。如果卖家的出价低于保留价格，则购买；高于，则不买。然而，消费者的保留价格是一种心理价格，会受到多种因素的影响。这些因素包括：近似性替代品牌的价格、广告的宣传、品牌的知名度、商家的价格策略、购买的经验等等。"建议零售价"、"全国统一价"等价格策略之所以能改变消费者的保留价格，是因为：其一，增强消费者的品牌认知，在消费者心里，一个拥有"全国统一价"的商品品牌是值得信赖的，其价格是坚实可靠的；其二，为消费者设置了一个参考价格，从而无形中抬高了其保留价格。因而，如果商家在"指导价"、"建议零售价"、"全国统一价"的基础上折扣出售，消费者就会认为自己"赚了"，在不知不觉中挨了商家的温柔一刀。

三是，"建议零售价"能规范代理商的竞争行为，减少他们之间的恶性竞争。目前多数商品的市场都是买方市场，竞争非常激烈。代理商之间为获取利润，占领更大的市场，经常采取低价销售策略，有时为追求销售量，甚至不惜牺牲利润；或者，经销商为促进其他品牌的销售，而采取捆绑销售策略，将所代理或所经销的某一品牌以远远低于厂家成本价的价格来销售，从而导致生产该品牌的厂家大受损害。因而，厂家有必要规范代理商的竞争行为，避免其恶性降价。"建议零售价"、"全国统一价"、"指导价"就成了这些规范措施的重要组成部分，为经销商在制定价格时设置了一个参照和约束，使其不能偏离该"指导价"太多。

然而，决定市场均衡价格的是市场供求双方的力量对比。正是这种力量对比的博弈和调整，使得实际售价和"建议零售价"之间产生偏离。就其约束条件，我认为可能有以下几点：

第一，消费者经验性知识的增加。消费者获取关于"建议零售价"等噱头的经验性知识的来源有三个：一是来自商家的竞争。众多的商家采用"建议零售价"、"指导价"等定价方式，使得这种定价策略广泛流行，从而加速了信息的传播，尤其是当众多的商家不再按照"指导价"、"建议零售价"出售商品，而是以远低于该价格出售时，这种噱头式的定价信息就成为一种公共知识。二是消费者的重复购买。只要消费者经历一次以远低于"建议零售价"的价格买到某品牌的商品，他（她）以后在购买标注有"建议零售价"、"指导价"等价格的商品时就会产生一种不信任和要求商家降价销售的冲动；而且，随着购买次数的增加，他们对于商品的细节知识（如其性能、成分、替代性商品的价格等）也会增加，其保留价格也会做相应的调整。三是亲友的相传。经验知识是可以传播的，如果某个消费者的亲友在购买标有"建议零售价"、"指导价"等价格的商品时曾吃过亏，或者成功地以很低的价格成交，他们都会把这些知识传给其他人。而消费者经验性知识的增加有助于减少其与卖家之间的信息不对称和形成较理性的保留价格，减少受"建议零售价"与实际售价之间巨大价差的"冲动型"诱惑，从而增强消费者的讨价还价能力，使"建议零售价"丧失蛊惑性，露出其真实面目而回归到真实价格。

第二，激烈的竞争。如在车市，汽车指导价是随着汽车专卖店发展起来的。多年前国内车市尚属于卖方市场，那时的汽车厂家指导价基本就是市场零售价。但随着车市的进一步发展，汽车市场由卖方向买方市场过渡，汽车厂家们的车型指导价受到市场冲击。而经销商为了获得更多销量，往往不惜采用牺牲利润的方法。虽然有的一线品牌车企为了维持价格稳定，往往要求经销商缴纳一定的保证金，一旦发现违规将予以重罚。但竞争如此之强，车企只能对零售商的偏离"建议零售价"或"指导价"的行为睁一只眼闭一只眼。这样，留给经销商的盈利空间就成为该定价体制的"后门"。于是，"指导价"也就失去了实际意义。

第三，进货渠道的不同。价格除与生产成本有关外，还与流通环

节所需的各项费用有关，同等利润下，进货渠道不同，售价可能不同。以化妆品市场为例，"全国统一价"也仅限于商场、专卖店，而在网上商城售价就与专柜相距甚远。"除存在假冒伪劣产品等原因外，网上网下差价大主要与进货渠道有关。"据了解，很多国际品牌在国内都设有自己的生产企业、办事处，由它们直接向各地专柜供货，统一定价。而在网上销售的国际品牌，大部分来自于境外，与专柜相比，在产地、生产企业、关税等各方面都存在差异，进价也比较低，因此虽然价格较低，但商家并不少赚钱，这也是网上售价低于网下的主要原因。对于不同商家而言，由于其进货渠道和进货成本的不同，也导致他们可以不按照"建议零售价"（"全国统一价"）来出售商品，从而导致实际售价与"建议零售价"之间的偏离。

第四，运营成本的差异。同样的商品，在大商场里一个价，在超市里另一个价，而到了批发市场又是一个价，这种现象在生活中十分常见。这主要是因为运营成本不同。对商家而言，进场费、店面租金、水电费、管理费等各项费用，都要计入到商品上，运营成本不同自然会影响商品的价格。例说，租赁省城某大型超市的私人柜台销售饰品，一个进货价3元左右的头夹至少要卖到20元左右才能保证成本，而在其他地方卖到10元左右就可盈利。标注在商品上的"建议零售价"、"全国统一价"往往是以大商场、专卖店为衡量标准的，换句话说，是加入了较高附加额后的价格。对运营成本低的卖家来说，低于统一价并不影响利润。因而，许多标有"建议零售价"或"全国统一价"的商品在一些小的商场或者批发市场，其售价要远远低于在大型超市或专卖店。

第五，销售策略的有别。在商家实际的销售策略中，涉及许多因素，如：货号不全微有瑕疵，要打折处理；新旧更替季末清仓，就降价销售；产品积压销售困难，要靠低价战略来吸引消费者兴趣；进行搭配或捆绑销售，以某种商品的低价来促进其他商品的销售；让利为自己积攒人气……这些行为都会导致商家采取以远低于"建议零售价"（指导价）的价格策略来出售商品。

从"实际售价"和"建议零售价"之差别，可以看出，现实生活是丰富多彩的，只有深入了解，才能真正品味价格的真义所在！

31. "汽车客运站"的价格歧视

春节后我从长沙返回怀化，由于火车票难买，加之坐长途客运大巴所费时间较之乘火车要缩短近一半，故决定到长沙汽车南站乘客运大巴。平时从长沙往怀化，火车卧铺票价是130元，汽车票价则为120元，故在高速路通车后，多数人多数时候都会选择乘长途大客车以节约时间。然而，春运期间，照以往的常规，火车票不会上浮，客运汽车票却往往会上浮30%以上。对于时间成本比较高的我来说，长途客运大巴的价格即便高于火车，乘大巴的消费者剩余还是较高于乘火车，大巴的票价在可接受范围内。

来到汽车南站，刚进广场，两名三十岁左右的妇女就迎了上来，笑容满面地对我说："先生，去哪里呀？坐我们的车吧，给你优惠！""优惠？！在这春运期间还有优惠？现在是求大于供时期呀？他们怎么愿意降价？天上没有免费的午餐，他们的'馅饼'不会是陷阱吧？"我心中疑惑着。她们似乎看出了我的不信任，满脸真诚地说："你们在车站里面买票，是168元一张，不去车站买，而直接上我们的车是130一张，我们的车就停在车站里面的停车场，你们可以跟我们去看看！"一番讨价还价下来，以120元/张成交。

我来到停车场，看到其大客与别的大客一样都是豪华大巴，营运证件齐全，车内干净整洁，唯一不同的是该车是开往怀化市下辖的芷江县城的，是过路车。怕他们中途在怀化不停车，但询问后得到的是

肯定停车的答复，而且是在怀化市内的客运车站停车。于是，我坐上了从长沙开往芷江的大客。事后证明，我的选择是正确的，我以低于车站 48 元/人的支付享受了同样舒适安全的旅行。

然而，问题是：同样的服务和同样的路程，为什么会有不同的价格？造成这种价格差异的原因是什么呢？为寻找答案，我专门再次去了车站进行调查。目前，确信的汽车客运站价格差异之成功施行的条件如下：

条件一，通过客运站售票处售票来争取顾客，客运站要提成。每售出一张从长沙开往怀化的车票，客运站要提取 15—20 元。而且，通过客运站售票，有一个问题，就是车票的售出是随机分配到各辆大客的。故通过直接拉客、上车售票，一是可以节约 15—20 元/人的提成费，二是可以尽量使自己的车满载。于是，成本的节约就有了价格差异得以实施的一个基础，当车主认为有必要时，就可以合理地利用这个成本区间来实施价格差异。

然而，成本上的节约并不是车主实施价格差异的充分条件，当求大于供时，车主具有垄断性的讨价还价能力，他可以在不降价的情况下卖光其车位。所以，隐藏在车主降价背后的另一个更为重要的条件，这就是条件二：供大于求！事实真的是这样吗？春运期间能存在供大于求的客运吗？调查的结论是，确实存在。这是因为：长沙开往怀化市及各市辖区的大巴很多，运力过剩；而长沙到芷江的乘客不多，如果不争取过路客，只能是半载（甚至不到半载）而归，故其车主只能通过和直达怀化的车主争夺顾客来降低平均成本。而且，过路车具有更大的动力来获取乘客，因为相对于其闲置的运力来说，每增加一个乘客的边际成本几乎为零，只要过路客支付的价格高于零，就是一笔理性合算的交易。当然，对怀化的车主来说，当运力过剩时，其边际成本也为零，也有动力去争取乘客。然而，由于芷江相对怀化更远，每跑一次车其车主支付的沉没成本更高，故他们有更强的激励去实施价格差异以争取乘客。

可问题是，车主有降价的动机和能力，却不一定保证交易的成功，他还需要条件三：把这个信息传递给潜在的乘客，并让乘客确信其服务（产品）并不差，不是低价售次品。信息在促进交易中起着重要作用，尤其是当一种产品（服务）与常识有所不同时（春运期间的价格较低的客运产品就是一种反常识的产品），为消解顾客的疑虑和不信任，卖方必须合理传递信息、解决信任难题。为此，车主的做法是，由雇员用真诚的微笑和热情的服务在车站寻找潜在的乘客，并把乘客带到车上进行实地观察，而且严格履行相关承诺，以质优价低的服务留住老客户并利用老客户的口传信息来获取新客户。

当然，车主还需解决一个问题，就是让乘客顺利进入停车场乘车。一般地，对多数客运站来说，乘客都必须凭票才能进入停车场登车，如果不是在客运站售票处先买票，基本是无法进入停车场乘车的。也就是说，乘客需要规避监督才能进入停车场。当然，车主的行为也会受到车站的监督。为此，长沙南站的那些直接拉客的车主必须要解决监督问题，才能成功实施其差异价格策略。

由此看来，标准的经济学教科书关于价格差异（价格歧视）的理论是生硬而晦涩的，不易弄明白，也缺乏真实世界的活生生的案例所具有的精彩和细节知识。真实世界的价格差异（歧视），决不仅仅是市场分割、消费者具有不同需求弹性或者生产者具有垄断势力等那么抽象和简单，而是细节知识精彩纷呈的诸多条件的产物。

32. "唐骏门"的声誉成本

2010年7月，中国第一职业经理人、"打工皇帝"唐骏先生的知

名度达到了空前的顶峰。曾创办中文网、第一个学术打假网站的科普作家方舟子一连在自家的微博上发出21条记录，把矛头指向了唐骏。在这一系列微博中，方舟子针对唐骏在《我的成功可以复制》一书中透露的其个人学位、求学及工作经历，提出了多个质疑，并出示了部分查证证据，提出"唐骏的'加州理工学院博士学位'是假的"，而且怀疑唐骏所读的美国西太平洋大学"是一家著名的卖文凭的野鸡大学，此校在夏威夷注册，没有得到美国认证机构的认证"。从方舟子揭露中国"最牛"经理唐骏学历造假那一刻开始，唐骏就处在了风头浪尖，深陷诚信危机。网上声讨唐骏者众多，认为唐骏缺乏诚信之行为严重损害了社会道德底线，唐骏应该为此向社会大众道歉。直到2012年6月，唐骏才在北京大学的一场讲座中，终于为"学历门"道歉，承认了造假事宜。

其实，沽名钓誉之事古已有之，屡见不鲜，有的贻笑大方，有的小人得志，有的则信誉扫地。而今日社会，信息如滚滚洪流漫卷东西，现代人的注意力日益稀缺，想成名者却如过江之鲫，所使手段令人目不暇接，啧啧称奇。

那么究竟为什么人们会选择沽名钓誉呢？在经济学看来，原因有四：

一是声誉和品牌具有极高的价值。一方面，名誉作为对特定的公民和法人的人格价值的一种社会评价，能够给其带来一定的精神满足。不管古今中外，人们都会给予品德、才干、技艺等超群的人认可，这本身就是一种奖赏和鼓励。著名的马斯洛需求理论把人的需求由低到高分成生理需求、安全需求、社交需求、尊重需求和自我实现需求五类，在人类满足了生理、安全及归属需要后，就会要求别人的尊重。这种尊重分为内部尊重和外部尊重两类，而外部尊重就是指一个人希望有地位、有威信，受到别人的尊重、信赖和高度评

价。马斯洛认为，尊重需求得到满足，能使人对自己充满信心，对社会满腔热情，体验到自己活着的用处和价值。良好的名誉能够反映人们在社会生活中的地位，体现了超过他人的能力，意味着承担的更大的责任；而声名狼藉的人却很难得到信任和理解，难以被主流的社会接纳。所以人们出于对外部尊重的需求，往往会通过良好的表现和努力来追求名誉，当然也有的人是为了满足虚荣心而汲汲于功名。

另一方面，名誉和品牌可以给人带来丰厚的物质回报。"名牌"往往意味着优秀、品质、实力和稳定的表现，享有"知名度"和"美誉度"产品、服务价格都要高于普通品牌，受到人们的信赖。在西方，品牌被称为经济的"原子弹"，20%的强势品牌占据着80%的市场是国际市场的一般规律。20世纪末，可口可乐公司以838.5亿美元的品牌价值名列全球60大品牌之首。其总裁伍德拉夫说："即使可口可乐公司在全球所有的工厂一夜之间化为灰烬，但凭借可口可乐这块牌子，它也能很快起死回生。"品牌价值之高可见一斑。而我国有的产品质量优良，只是没能成功塑造品牌，在市场上难以与外国名牌产品竞争；有的只为他人作嫁衣裳，进行贴牌生产，分得微薄的利润。

二是声誉和品牌的塑造需要很长的时间，支付较高的成本。俄罗斯有句民谚：创造好的声誉要在年少时。一个人只有长时间表现良好，才有可能获得公众的认同，而且在人生的每个阶段都要认真地维护，才不会因为"一失足"毁掉了长久塑造的美名。若想获得贤良之名，不仅要勤奋好学，博学多识，有时候还要抵制各种诱惑，甚至于遭受迫害。孔融身为一代名儒，四岁让梨少年成名，初踏仕途便纠举贪官，以后更是结交豪杰，荐达贤士，虽然最终被曹操所害，但北海孔融却名传四海。假想当年孔融进入仕途后，随波逐流，蝇营狗苟，历史上恐怕未必留下他的名号，不过徒增伤仲永之叹；而刘邦虽

为皇帝，君临天下，却因年少时偷鸡摸狗，放荡无形，被元之曲者编出个《高祖还乡》，好不讥讽。

冰冻三尺，非一日之寒，人的声誉是日积月累形成的，而品牌的塑造也是如此。经济学家萧灼基曾经说过，品牌应该是长期培养的，并不是短时间能够形成的，有些优秀的品牌需要十年、二十年、三十年，甚至更长时间才能够培育起来。事实上也是如此，欧洲品牌Gucci、LV的建立，花了100年左右的时间，美国品牌如IBM、可口可乐也用了近50年。除了长时期的塑造以外，一个品牌从命名、设计、申请注册商标，到成为知名度较高的权力品牌，需要大量的投入。美国美孚石油公司为更换商标，聚集了语言学、社会学、心理学、统计学方面的专家，耗时5年，调查了55个国家的语言，设计了1万多个商标图案，共花费1.2亿美元，才确定"埃索"作为新商标。另外，企业为了提高品牌产品的质量，也需投入大量有效的财力、人力和智力。所有这一切构成了品牌的成本。

也可以这样理解，正是因为声誉和品牌的塑造需要很长的时间，支付很高的成本，所以它们才具有极高的价值。经过漫长的岁月，不断地维护，这些名牌经受了重重考验，获得了消费者的信赖和认可，给企业或个人带来了荣誉以及价值。而有些人，他们只想不劳而获，在不付出时间经营，不花费精力的情况下，通过自我吹捧、弄虚作假来沽名钓誉，骗得名誉，并借以享受声誉带来的好处。

三是信息不对称和"理性的无知"使沽名钓誉者能得逞。在信息不对称时，探寻一个人是不是沽名钓誉要耗费大量成本。由于高额的信息搜索成本，没有人愿意了解全部的信息，而是选择只获取特定的部分信息并保留对其他信息的无知。这种无知是合乎理性的，即"理性的无知"。它是一种对有限的知识与信息约束的理性的妥协或适应。而每个单个的理性人在没有其他激励的情况下都会保持自己的无知，最终的结果就为沽名钓誉者提供了机会。比如，在经济领域里，一些企业，为了尽可能地销售产品，获取利润，就假沽名钓誉的形式借名牌企业的牌子或造假，而消费者则由于信息劣势，无法辨认这些假冒伪劣的产品。

四是对沽名钓誉者进行监督和打击需要支付较高的成本。对沽名钓誉，应该由谁来监督，由谁来打击，又凭着什么依据来打击呢？如果依靠个人来监督的话，必然要承担高额的信息搜寻、监督成本，而个体的力量又是如此脆弱。一旦有人出来监督，必然出现其他人搭便车的行为，公众会遵循集体行动的逻辑，选择保持沉默。即便有个人或组织愿意对侵害自己名誉权的沽名钓誉者进行司法诉讼，可是司法诉讼的成本也可能高到令他们无法承受。

不过呢？话又说回来，沽名钓誉也是有成本的，一旦沽名钓誉被拆穿，沽名钓誉者将像唐骏同学那样，名誉扫地了！所以，我奉劝世人，在沽名钓誉之前，还得三思哦！

我的成功
可以复制

33. "兴盛繁荣"的枪手市场

一天，一个朋友给我打电话，说他工作忙，应酬多，根本没有时间做博士论文，问我能不能帮忙给他做一篇博士论文，报酬是10万元。听后，我不禁愕然，这世界也太夸张了吧！博士论文居然还能请别人代做？

随后，我开始关注中国的"枪手"市场情况，发现这是一个愈来愈"繁荣兴盛"的市场。每到英语四、六级考试、研究生入学考试、在职专升本入学考试或其他的一些职业证书的考试，"雇主"们就寻思如何寻找"枪手"以使自己顺利过关，而"枪手"们也蠢蠢欲动，开始寻找雇主以发"小财一笔"。于是在大学食堂外、寝室外的墙壁上，在高校主要通道的树上、走廊栏杆上会看到许多"寻枪"小贴片，上书寻找枪手的考试科目、联系方式等等，按经济学来说，这是对"枪手"的需求。有需求，就有满足需求的冲动和激励，于是与"寻枪"小贴片相伴而生的是"枪手"自荐小贴片，上书联系方式、能顶考的科目等信息，这就是"枪手"市场的供给方。

"枪手"市场并非仅仅以小贴片形式来发布供求信息，在百度贴吧、各高校BBS论坛上、各种聊天室都有类似信息。

"枪手"市场类型也非仅仅局限于考试顶替，各种毕业论文的替代写作也是"枪手"市场的一个很重要的组成部分。据我调查，目前一篇硕士论文的市场价约在8000—20000元之间，而博士论文则在100000元左右；而替考四六级英语考试的报酬大概在5000元，研究生入学考试各科的报酬在6000元以上。这样的价格对于那些在高校里苦读的学子来说，是很有诱惑力的，于是很多脱产的硕士生或博士生（甚至有些已工作的水平较高之人，也因为报酬较高）纷纷"下海"，做起了"枪手"；更有一些人则以"枪手"为职业，终日忙碌于替考、代写中。另一重要组成部分是专业论文发表市场，为晋升职位和评职称，一些高校教师、研究机构研究员或其他需要发表专业性论文的从业者，也纷纷高价"寻枪"。在供求双方的交互作用下，各种论文代写代发市场也兴隆日盛。

从经济学的角度来讲，"枪手"市场具有以下其他多数市场所不具有的独特的市场特征，即"枪手"市场的交易是一种地下化的交易，具有很大的隐蔽性。这样就会增加获取该市场信息、监察该市场的困难程度，甚至使监督变得不可能。

从市场本身来讲，为确保该市场的有效运行，中国的"枪手"市场发育出了高支付价格机制、熟人为中介人的交易制度、分期付款制度、声誉制度、"高科技"手段的广泛应用等等。这些制度和技术手段，对促进"枪手"市场的兴盛繁荣起了重要作用。

那么，什么才是促使中国"枪手"经济如此兴盛、"枪手"市场如此"繁荣"的根本原因呢？通过考察，我们认为其背后的深层次原因在于中国考试、学位制度和职称评定、工作考核等制度的扭曲以及诚信制度的严重不完善。

目前，我国的教育及考试制度弊端多多，正是这种制度的不合理和扭曲，使得"枪手"市场有了其产生的必然。在中国目前的教育制度下，考试几乎成了衡量一切的唯一指标，什么都要考试，有人戏称，考试已经成为"第一生产力"。一个人从五六岁开始，就开始了期中期末考试、升学考试、英语四六级考试、计算机考试、托福雅思考试、公务员考试、职称考试，还有各种证书的考试等等。不少学生为了节省费用和精力，顺利迈过各种门槛，拿到相关证书，找"枪手"替考、买答案，助考类网站和"枪手"经济便应运而生。替考

类"枪手"市场的一个最"兴盛繁荣"的细分市场就是英语考试市场。在中国，本科学位的获取、毕业求职、职业认定等都与是否通过英语四、六级考试相挂钩，因而四、六级考试便成了高校学子的生命线，如果通不过，学位证书没有，找工作时也会遇到很多麻烦。故许多英语学的不好的学生只好另求他途！

中国的学位制度有一点是很独特的，就是存在在职硕士、博士培养制度，因为全球除了中国外，其他国家基本上没有。在这种制度下，许多工作的人员为了获得一个具有较高价值的较高层次的文凭，纷纷选择读在职硕士、博士学位。为得到文凭，他们必须在核心期刊发表几篇专业性论文和写出较高水平的学位答辩论文。然而，这些在职硕士、博士大多数是政府官员、企业中高层管理人员和高校教师。其中，政府官员和企业中高层管理人员占据了在职硕士、博士比重的70%以上。他们（除了高校教师类外）的时间成本很高，很少时间用于学习和研究，故其专业水平与在核心期刊发表论文和撰写较高水平的博士论文有较大的差距，为此，一些在职硕士、博士就选择了成本较低的找人代写代发专业论文和学位论文。如果取消在职学位制度，"枪手"市场会失去一个占很大份额的细分市场。

目前的职称评定制度也促进了"枪手"市场的"兴盛繁荣"。为评上某个职称，如副教授、教授和研究员等，必须要在某个专业领域的核心期刊发表一定数量的论文，而且很多时候只重量不重质，某些人为了尽快评上更高的职称或者某些水平较低之人为了顺利通过职称评定，于是就选择找人代写、代发专业论文，以节约成本或达到发表的目的。在考核某个职称人员的工作时，很大一部分也是以是否发表论文为指标，对于那些具有较高时间成本的人员来说，找"枪手"代写代发论文无疑就成为成本更低的选择，尤其是当"枪手"市场能有效运行，找人代写代发而被发现的可能性较低时。

诚信制度的严重不完善也助长了"枪手"市场的"繁荣兴盛"。

在我国，目前并没有建立起完善的诚信制度，国人对于非诚信也缺乏一种自我约束激励，很多人并不以非诚信为耻，在面对利益的诱惑时不能在内心筑起一道道德的防线，以自觉抵制非道德的利益诱惑；同时，非诚信行为也往往遭受不到来自社会的谴责和有效惩罚。故在"枪手"市场的巨大利益面前，很多人不仅不做抵制，反而参与其中，分享来自该市场的巨大交易利得，进一步促进了该市场的"繁荣兴盛"。

当"枪手"市场兴盛繁荣时，它深刻地表明，一国的教育制度已经病入膏肓！它所摧毁的，不仅仅是学术道德，也是该国的整个道德体系和知识创造体系。如果不能从根本上进行医治，这个国家所谓的创新梦、知识梦和道德梦将支离破碎，永不可能实现！

34. "兄弟算账"的产权界定

《泉州晚报》曾经报道过这样的一则消息：吴×军和弟弟合伙开办了一家运输公司，由吴×军负责经营管理，结果连年亏损，资不抵债，于是，其弟将公司接手过来，准备东山再起。而吴×军则要退出股份，并要求从公司抽出当初合办公司的资金。然而，一是因公司亏损严重，如果退资将导致公司倒闭；二是公司开办初期，谁投入多少是一个模糊的数字空间，两人投入的资金并没有很好地计算和记录在册。故其弟不让其抽资，因此双方发生纠纷。某天，吴×军借着酒劲，携带一把匕首到其弟家中讨钱。他们父亲怕兄弟相残，惹出祸端，赶紧报警。幸好警方及时赶到，制止了吴×军的过激行为，没有造成进一步的伤害。

其实，在我们的日常生活中，"吴×军和弟弟相争"这样的事情并不算新鲜，有一些关系至为亲密的人，如：兄弟姊妹、叔侄舅甥、表亲妯娌、多年挚友，甚至是父子母女间常常会因为产权分割不清、财产分配不均、权利划分有别而争吵不休、纠纷不断甚至大打出手。面对这样的局面，"亲兄弟，明算账"就成了许多人的共识。那么，在经济学的视界里，为什么"亲兄弟，明算账"具有相当的合理性呢？

所谓"明算账"，就是对利益关系清晰的计量，它主要表现在对产权的明晰，权责的明确，核算的透明，而最重要的莫过于产权的明晰。而"亲兄弟明算账"呢，就是指至亲至密的人之间也最好能做到明晰各自的产权、明确各自的责任和进行透明的核算。

诺贝尔经济学奖获得者科斯指出在交易成本为零的情况下，只要明确产权边界，不管权利界定给谁，都会导致资源的优化配置。然而，问题是，现实经济活动不仅有生产成本，而且还有交易成本。交易成本是指在交易过程中所涉及的价格发现、交易各方的讨价还价、签订契约、监督契约执行等费用。在交易成本不为零的世界中，产权的清晰界定与否至关重要。在没有产权制度或者产权不清的情况下，双方的谈判、签约、合同的履行、交易者为解决冲突而付出的成本、确保交易关系的长期性等成本都有可能上升，而这些成本的增加是毫无意义的，不仅消耗了稀缺的资源，而且使交易难以进行。产权界定可以降低交易费用，减少交易中的摩擦，约束偷懒、疏忽以及作弊等机会主义行为，确定人们在市场交易中必须遵守的规则，并且为当事人提供特定的经济激励和约束，有助于形成稳定的经济预期，减少不确定因素。另外，私人产权能够避免集体谈判及监督带来的高额成本，更能够防止公共物品提供中的"公共地悲哀"和抑制集体行动中的"搭便车"行为。这是因为产权一旦明晰，个人就必定从收益最大化角度出发，选择最有效率的处置方式，并且排除他人搭便车的可能。所以，经济学主张为减少交易成本、提高经济效率，应该尽可能地明晰产权，做到"亲兄弟，明算账"。

然而，受中国传统文化"重情义，轻利益"和主张"舍利取义"观念的影响，许多人会顾及彼此的感情和"面子"，觉得亲人朋友之间没有必要算得那么清楚，甚至有时有人还会认为朋友间就应该彼此不分才算够意思、真哥们儿，计较太多的都不算真正的朋友。也有一些人认为对朋友或亲人的人格比较了解，不会在利益的问题上起冲突，所以就没有养成凡事事前立好规矩，大家按规矩办事的习惯。于是，我们可以看到，现实中就出现了许多这样的例子：兄弟间、朋友间或同学间，开始时你好我好大家好，在投资做生意过程中为讲义气或碍于面子而未能将各自的投资记账、分成股份并确定各自所拥有的股权、所需承担的责任达成一致并签订契约，也未能就未来可能的分

红或可能的债务达成一个较明确划分的方案。但是日子一长，由于资金、管理等各个方面的权责不清，问题渐渐暴露，兄弟间、朋友间、同学间的矛盾开始显露并逐渐升级。到后来，好的一拍两散，坏的则撕破脸皮对簿公堂，视若仇雠……

而如果我们能在事先就做到"亲兄弟，明算账"，把各自的义务和责任划分好，把各自的收益和权力界定清楚，形成文字契约，为事后可能的纠纷或冲突提供一种约束和保障，那么，就不仅能节省时间、提高效率，也能减少事后纠纷、减少矛盾冲突、保护自己和维持亲人朋友间的感情，而且，还因为有利于促进明晰企业股权，降低企业合伙人之间的合作成本，从而促进企业的持续发展。

然而，改革开放以来，我国的许多民营企业都是摸着石头过河逐渐成长起来的。

在创办初期，其产权是模糊的、也未能重视产权明晰的作用并建立其良好的产权制度。随着企业的发展和做大，产权问题逐渐显现并成为制约企业快速、良性发展的主要力量。而在现今竞争激烈的市场中，因此，我们可以说，产权的界定是合伙人能长久合作的基础，也是合伙人事后分配的基准。由于产权模糊，即使企业能够运行，也会有许多资源耗费在解决冲突分歧、协调关系上，从而增加不必要的成本支出，降低企业的竞争力和反应速度。然而，问题却是，我国的许多民营企业，产权不清，企业难兴。因而，"亲兄弟，明算账"的企业产权界定已是迫在眉睫之事。

此外，即便是在国与国的交往中，"亲兄弟，明算账"也有利于缓解国家间的矛盾，明确各国应该承担的责任和所享受的权利，从而减少国家间的冲突，增进各国的合作和交往。我们知道，科技的进步使地球越发像个村落，国家之间的交流达到了从未有过的顶峰，国家之间的经济政治往来也是从未有过的密切。不管是经济贸易还是环境保护，不管是反对恐怖主义还是维护世界和平，国家与国家必须在越

来越多的领域加强协作。然而，我们在共同应对许多挑战的同时，也存在许多权责界定不清的情况，因而双方协调合作问题时就需要耗费更多的精力和资源。如果能够清晰地明确各方应该承担的责任，并且在此过程中尽量按照规章办事，制度化，透明化，会使国家间减少不必要的冲突，增进彼此的合作和交往。因而，在面临国际事务时，只有我们先明白地"算账"，就各自的权责利达成共识和划分清楚，我们才能像"亲兄弟"一样紧密合作，才可能应对我们地球村的种种挑战，抓住机遇，谋求更大的发展。

所以，"亲兄弟，明算账"是一种理性的选择！

二、现实故事中的制度和权力

35. "遍地吃空饷"的制度失守

2013 年 9 月初，新华网等网站报道，自 6 月 1 日起至 8 月 20 日，河南省周口市在全市公职人员中集中治理长期不上班"吃空饷"问题。"治理对象包括不符合政策规定，以借调、病休、停薪留职等名义不在岗仍领取工资和津贴补贴的公职人员。"查出各类"吃空饷"人员达 5731 人，按每年每人平均工资 2 万元计算，仅此一项开支已超过 1 亿元人民币。

其实，早在 2005 年，周口就开展过一次"吃空饷"调查和整治。然而，短短几年，"吃空饷"又卷土重来，而且，风头盖过了以前。

当然，"吃空饷"一事绝非是河南周口的专利产品。如：2011 年湖南省永州市有 60 多名教师在编不在职，长期吃空饷，而且在面对采访时，永州零陵区教育局长面对媒体时竟称："空饷吃的是地方财政，关你记者什么事？公务员吃空饷的更多，你们记者怎么不去关注？"（《三湘都市报》）

"吃空饷"事件在中国并不是新鲜事，比如四川省 2006 年初步查出"吃空饷"者高达 3.7 万人，山东省 2007 年查出 11858 人"吃空饷"，重庆市 2006 年查处 2652 名"吃空饷"干部……当然，吃空饷并非仅仅指不在其职而领其薪和享其待遇，任何人浮于事之处必然

存在吃空饷者。

在我看来，之所以会出现如此多的、让国人抓狂的"吃空饷者"，问题的本质和根源不在于我国没有相关制度来约束他们的行为，而在于这些制度失守了。

制度失守是指既有制度得不到有效遵守和执行，在现实中失去了它应有的约束力、强制力和规范人们行为的功能。对于当前的中国来说，制度失守是一个普遍意义上的现象和问题，几乎在各个领域都存在。比如说，在官员问责领域，我们常常可以看到，问责制度并没有得到很好的贯彻和执行，一些被问责的官员，不出几个月，摇身一变，又头顶另一个乌纱帽，光鲜亮丽地站在了公众面前……

应该说，从制度建设来看，改革开放后，我们在各个领域都取得了非常大的进步。在很多领域，制度的精细度、复杂度和完善度已大大超过以法治闻名的许多西方国家。如在反腐败领域，中国的防腐和反腐制度不可谓不够多、不够精细，但从目前来看，其所起到的作用却与人民的期待相距甚远。让国人很不明白的是，为什么中国会存在如此大的"制度失守"问题？是什么原因导致了人们对制度"视而不见，束之高阁"，从而使"制度失守"呢？

制度能否发挥其应有的约束力，一是与人们的知识道德素养和行为习惯相关。如果一个社会的国民素质和道德修养都比较高，并且普遍以遵循公共制度为行为准则，那么，当他们违背制度时，内心就会产生一种巨大的道德压力和道德羞愧感，此时，制度往往就会得到比较好的执行。这也就是经济学所讲的，良好的社会规范有助于人们自觉遵守规则，促进规则的自我实施。二是与实施、监督和执行制度的成本相关。制度的实施、监督和执行都是需要成本的。比如说，在防治腐败中，反腐败法的推出需要成本，监督官员需要成本，调查取证需要成本，法律审判也需要成本。如果这些成本过高，制度往往就会在实施中被失守。三是与制度的公正性相关。如果一项制度能在实施

过程中，对所有群体都施加同等的约束力，不管他/她属于哪个群体、哪个阶层、哪个集团，只要他/她违背了制度，都会得到同等的惩罚，那么，制度的执行力就会因为其公正而大大提高。也就是说，如果一种制度所反映和代表的利益具有普适性，它就会更好地满足"自我实施"原则，使大多数人自觉地遵守该制度。

就中国的现实而言，在知识素养、道德修为和行为习惯方面，我们还存在许多问题。比如说，公共场所禁烟制度、行人过马路制度等就往往得不到执行。然而，在我看来，制度失守，更重要的原因，那就是权力结构失衡。

其一，权力失衡会影响制度的公正性。制度的生成和演变是不同的集团博弈的结果，反映了不同利益集团的利益。当权力失衡时，制度不能反映和代表所有利益群体的利益，只会代表和反映强势利益集团的利益。这是因为，强势利益集团可以将其权力和利益嵌入制度的制定过程中（因此，在诺贝尔经济学家获得者诺思看来，制度变迁往往是由强势利益集团推动的）。如此一来，该制度就失去了普遍的激励功能，无法满足"自我实施"原则，从而导致"制度失守"。比如说，二元分割的户籍制度和有欠公允的异地高考制度。其二，权力失衡会影响制度实施的成本。制度是一种承诺机制，能否发挥其承诺作用，取决于不同集团间的权力配置，如果某个集团的权力太大，即便其违反制度，不信守承诺，其他集团也无力对其实施有效惩罚，这样就会导致强势权力集团可以采取机会主义行为来突破制度的限制，为其获取权力租金大开方便之门，从而导致"制度失守"。也就是说，在权力失衡下，要对那些违反制度的强势权力者作出有效监督和惩罚的成本太高。于是，权力者往往就成为突破制度约束的始作俑者。其三，权力失衡会影响社会道德风气和行为规范。良好的社会道德风气和行为规范之形成需要长期的演化和发育，在此过程中，权力结构状况起着至关重要的作用。"绝对权力产生绝对腐败"，当一个

社会权力失衡时，权势者的机会主义行为就得不到有效的惩戒，于是，机会主义行为就会大行其道，社会道德风气也将因此而沦丧。

各地"吃空饷"事件及其他不良事件的发生深刻地反映了中国普遍存在的制度失守问题。然而，从根本上来说，制度之所以失守是因为权力的失衡。要"把权力关进笼子里"，要约束权力的"掠夺之手"，最好的办法就是以权力来约束权力。因此，对中国而言，如何构建更良性的、更有效的权力结构较之如何完善制度更为紧迫和重要。

（漫画引自新华网 2006 年12 月 7 日"吃空饷"，赵乃育画）

36. "超市计价收费"的制度安排

近日，我去超市购物，有一个现象引起了我的兴趣和思考。我来到卖洗发水的柜台，挑选了一瓶洗发水，转身欲往超市出口的收银台付款，此时，一个亮丽的女孩笑语盈盈地说："先生，请到那边柜台结账！"边说边指向里面的一个收银台。为什么在同一超市购买的不同物品不能在超市出口的收银台统一计价付费（我购买的牛奶、饼干、衣架等物品都在超市出口的收银台计价付费，这些物品没有另设

专门的收银台，而化妆品和洗发用品却要到专门的收银台计价付费）？如果都在出口的收银台计价收费而取消专设收银台，不是减少了收银台和由此产生的人工费吗？

第二天，跟几个同事研讨时，我把心中的疑问说出来并提出了初步的解释，我的解释是在某些商品（如化妆品）货架边设立收银台有助于加强监督，减少贵重商品的丢失（如被盗等），由此来补偿增设收银台带来的成本增加。但很快又有了疑问，化妆品都有磁条，超市出口安装了监视设备，是比较容易检测出没经出口收银台计价收费的商品的。那么其他的合理的解释是什么呢？有同事说可能是为方便顾客，故采取了就近计价收费方式。但此解释也很快就被否定了，为什么仅仅某些商品就近计价收费，此时如果消费者购买几种商品，其中一些是就近收费，而其他的要跑到出口的收银台计价，所费时间不是比统一到出口收银台计价收费更多？程序不是更麻烦吗？一个同事提出，专设收银台对应的商品有可能是被其他公司承包了，或者是被公司的某些员工承包了。在被其他公司承包的情况下，由于是不同的法人实体，只能采取单独计价收费形式。而员工承包时，单独收费亦有助于考核其业绩，衡量其利润。但问题是，为什么超市要把某些柜台承包给其他公司？如果其他公司能盈利的话，自己经营会盈利更多（因为可以节省另设收银台成本），而且还可以减少与其他公司谈判、签约等成本和来自交易中的不确定性。那个同事则进一步的从资金约束角度和经营知识角度寻求支撑，认为由于缺乏资金或经营知识会导致超市把某些柜台承包出去。但问题是，一些大超市并不缺乏资金和经营知识，为什么他们会因此而承包给他人呢？……此后又讨论了其他的几种可能解释，但总感觉说服力不强。

带着疑问，我重回超市，去寻找答案。经过一番观察、询问、求证，才知超市计价收费采用不同制度安排其原因复杂丰繁，其制度设

计的合理巧妙令人大开眼界、拍案叫绝。

新制度经济学认为，各种交易制度的出现，主要是为了降低约束条件下的交易费用。作为追求利润最大化的超市，在安排多种计价收费制度时也是为了减少来自交易的费用，此时，商品和服务的特性就成了决定支付计价方式并进而决定交易费用的主要因素，超市之所以安排不同的收银台正是由商品和服务的特征决定的，其目的就是为了降低交易中的监督、检测、量度及人工成本。收银台的不同安排的原因主要有以下几种：

首先，家用电器（冰箱、彩电、空调等）、运动器械（跑步机）等体积大、质量重的商品，设有专门的收银台。理由是：其一，不好打（贴）磁条，由于体积大或形状不规则加上磁条本身很小，如到出口收银台以划磁条来计价收费，搜寻磁条的时间可能过长。其二，体积大、质量重的商品，要搬到出口收银台计价收费需费很大的力，会降低出口收银台的工作效率，因而一般是从仓库运出，送货上门。即便这样，到出口收银台计价缴费，也会由于没有商品实体而带来不便（收银台工作人员无法观察，而由消费者负责提供所购商品的型号、品牌、价格等，由于知识缺乏等原因很可能报不准），而就近专设收银台就能起到就近观察获取信息的作用。其三，冰箱、彩电、运动器械等商品需要签订复杂的保修合同，就近专设收银台可方便多方沟通，提高签约效率。

其次，手机、MP3 类商品体积小、价值大、技术复杂并且难以监督，专设收银台能带来如下收益：其一，强化监督，减少其被偷被盗的可能性。手机、MP3 如不专设柜台（像普通的商品那样放在开放的货架上）、就近专设收银台，由于其体积很小、价值大，无疑会引起一些人的非分之想，就近设立收银台，可加强监督、及时确定顾客是否已付款，减少交易风险和被盗的可能性。其二，手机、MP3技术复杂、容易损坏，而且消费者购买时需要就其音质进行重复的试

听、外观进行多次比较，过程繁琐，就近计价收费有利于加强销售员和消费者的专心沟通，在确定消费者付款后可及时与消费者就保修等条款进行签约。其三，手机、MP3一般有包装盒，磁条贴在包装盒上，如由顾客拿到较远的收银台付费，可能引起调包的机会主义行为，一些客户可能把原属于自己的旧商品放进盒里，把新商品拿出，而把盒丢放一边。

再次，烟酒类商品则由于以下原因也多采用就近计价收费方式。其一，磁条不容易打或不能贴，酒类中的洋酒其包装精美，玻璃瓶上很难打上磁条，如贴磁条，会严重影响其美观程度进而降低其价值（包装价值占酒类的很大一部分）。此时采用标价单并就近计价收费，可以免去打、贴磁条造成的损害。其二，贵重，就近计价收费有助于加强监督，减少偷盗的可能。其三，降低偷梁换柱的可能性。烟酒类商品一般都有外包装，如到出口收银台计价付费，有的顾客可能拿两三种价格不一的香烟或酒，在中途趁人不注意的时候，把价值高的换到标价低的包装盒里，把价值低的换到标价高的包装盒里，然后把价值低的用标价高的盒包装的烟酒搁置在中途的柜台，只拿用标价低但装着价值高的包装盒去出口收银台计价付费。如收银小姐采取打开包装盒进行检测、观察里面的烟酒与包装盒所示是否同一，又会增加工作量，降低计价收费的速度。就近计价收费则能很好的解决此类问题。

最后，化妆品类的特征是价值高、消费者具有较稳定的偏好、人员推销依赖性强即面对面的人员推销在确定消费者的消费信心时具有很强的作用。此时采用就近计价收费是基于以下考虑的：其一，就近计价收费能加强监督，减少偷盗的可能性。但这不是最主要的原因。其二，消费者对于化妆品的购买很挑剔，在购买时对化妆品的信息要求很高，推销在促使消费者购买化妆品中起着至关重要的作用。由于不同推销人员的促销能力不同，如何衡量各人的业绩呢？最好的办法

就是谁推销出去的商品就记在谁身上，此时就近计价收费无疑是降低业绩衡量成本的较好方法，由销售员带临近的顾客去收银台计价付费，可以很方便地把此业绩记到销售员的账本上。因此，衡量业绩的考虑是化妆品就近计价收费的主要原因。

关于超市的某些柜台是否由其他的公司承包而不得不就近专设收银台的说法，所问的销售员和店长对此给予了否定。此外，不同的超市，在某些商品的收银台的选址方面也有所不同，但大体上的做法却是相近的。

商品特征的不同会导致交易性质的不同，不同性质的交易要求不同的交易方式与之相适应。计价收费是交易方式中的一种，为降低交易中的成本，提高交易效率，收银台的选址可能是至关重要的。就近专设收银台，在某种程度上增加了人工成本，但加强了监督、降低了偷盗的可能；方便了签约和度量；减少了购买中的偷梁换柱等机会主义行为；提高了业绩衡量的可靠性和准确性。当增加的成本和获得的收益在边际上相等时，超市的专设收银台从数量上达到最优。

问题现实中求解！从超市的计价收费制度安排的分析中，我们能得出的具有重要意义的结论：现实世界的制度安排是丰富多彩、纷繁复杂的；制度安排的出现、演化是为了节约交易费用；只有深入现实，认真调查研究，我们才能了解其中的约束条件，并得出该约束下的具有解释力的结论。

37. "高明被黑"的潜规则

高明今年三十出头，刚从海外留学回国。这天，他参加一个同学聚会。很快酒过三巡，菜过五味，到了埋单的时刻，大家纷纷抢着付钱。高明当然也不含糊，掏出钱包加入了"埋单大军"。可不知为

啥，服务员单单收了高明递过去的钞票。

回家路上，高明觉得事有蹊跷，便问同行的大刘："你说那么多人埋单，为什么偏偏收我的钱？"大刘哈哈笑道："难道你没发现只有你掏的是现金，他们掏的全是卡呀！"

原来如此！高明十分懊恼，一心想把这面子讨回来。不几日机会来了，大刘告诉他又有个同学聚会。这次，高明多了个心眼。埋单时，他故意也掏出了信用卡。要说服务员还真给高明面子，又把他的卡给收了。待人散了后，高明沮丧地问大刘："这事怪了！为什么偏偏只收我的卡？"

大刘反问道："你拿的是金卡吗？"高明点点头："那当然，这卡可以透支十万块呢！""这就对了！"大刘笑道，"这要是一般的信用卡，谁知道是不是还有透支额度呢？但你那张金卡却是保证没问题的！"高明听完，又傻眼了。

过了几天，高明主动邀约这帮同学。这次，高明学乖了，特意挑了一身寒酸的衣服，还把自己的金卡换成了普通卡。他心想：这下应该万无一失了吧！可惜事与愿违，埋单时服务员还是认准了高明的卡。回家的路上，不待他开口，大刘主动问道："你今天怎么穿了这身衣服？"高明不解道："怎么了？这同埋单有关系吗？"

大刘笑得差点岔了气："今天在座的哥几个，除了你，哪个不是衣着光鲜？这么高档的酒店，就你这身打扮，一看就知道有求于人。服务员都是懂那套潜规则的，要是不收你的钱成全了你，还害怕你生气呢！"

其实，中国潜规则之盛行，可谓无处不见！

潜规则不仅渗透了经济社会生活的各个方面，而且在其中起着至关重要的作用。正因为此，一些人相信通过潜规则可以摆平任何事情。于是，一旦遇上"麻烦事"，他们首先想到的是托关系、走后

门，通过权力、金钱、关系来摆平，而不是依法、依规办事，通过正常的渠道去解决。而至于上学就业，寻医问药……但凡生活中遇到难题，就更离不开"关系"：找同学，托朋友……总是让人心力交瘁，焦头烂额，似乎不动用"关系"，就没有安全感。

即便某些时候潜规则会带给人们好处，然而对社会整体而言，潜规则的泛滥，将严重破坏以公平公正为基础的社会原则，致使腐败蔓延，导致显规则功能的弱化，伤害人民的身心健康，长远地危及社会核心价值体系的构建。因此，潜规则的盛行既严重阻碍国家的民主、法治进程，也阻碍社会的进步和经济的发展。

从经济学的角度而言，更重要的不是分析潜规则的成本，而是分析什么约束条件下，潜规则会出现。

人类社会有两种规则。一种是显规则，一种是潜规则。两种规则之间既相互替代，又互为补充。一般来说，如果各交易方的信息比较充分和对称，相关的合约信息是第三方可以验证的公共信息，市场发育比较健全，游戏规则比较完善且得到各方的认同，规则的执行成本比较低，博弈各方的权力对比相对均衡，此时，人们就会更多地依靠显规则来行事，显规则就会起着更重要的作用。而当法制不完善，市场发育不良，信息私有，尤其是在公权力得不到有效制衡、法律制度得不到有效执行时，人们利用显规则的成本就会更高，而利用潜规则的成本则相对较低。所以，在这种情况下，人们就会更多地选择利用潜规则。而且，在市场化的早期，需要在制度的基础设施方面投入大量的建章立制的固定成本（Set-up Cost），此时，构建和利用显规则体系的成本就会更高。在这种意义上，显规则和潜规则之间是替代品。可是不管怎样，社会上总是存在信息不对称的，所以，要杜绝潜规则几乎不可能。正是因为此，所以全世界各地都有潜规则。而且由于某些场合和时间，利用显规则的成本极高，潜规则在某种程度上又可能成为显规则的一种互补品，起着减少社会治理成本的作用。

对美国等西方国家而言，由于市场比较健全，法律制度比较完善，信息比较透明，公权力能得到有效监督和制衡，而且人们利用法律规则的成本比较低，所以，其各行各业中的潜规则就比较少，人们在工作就业、社会交往、就学就医中也较少依靠潜规则来谋取不当利益，而且在公权力领域利用潜规则来牟利的可能性更低。应该说，在一个法治社会里，法律是一切人包括政府官员的最高行为准则，而"潜规则"恰恰要把体制内的事放到体制外去解决，不按法律和规则办事。我们常常看到，越是权力失衡的地方，潜规则就越猖獗。这表明，潜规则所遵循的是权力至上、金钱万能和人情第一，坚信权大于法、钱大于权。因此，潜规则归根到底是一种权力与利益之间的交易。由于权力失衡，交易双方就有了利用潜规则实现各自目的的可能。这是因为，在权力得到有效制衡时，一方面，权力掌控者如何运用其权力是信息公开的，如果他想利用潜规则为自己、亲人和朋友谋利益，很快就会被其竞争者和媒体公之于众，并得到有效惩罚；另一方面，权力制衡下，规则的生成和执行都是各方博弈的结果，能有效兼顾各方的利益，是一种"自我实现的规则"，各方依靠显规则的成本都比较低，都有激励去利用显规则；相较之下，此时，利用潜规则牟利的成本则由于监督的无处不在而变得十分高昂。但是，在权力失衡时，潜规则就会取代显规则成为一种主导人们交往的游戏规则，并渗透到政治、经济、社会和文化的各个领域。于是，我们看到，一些公权力的掌握者，一旦占据了一定的位置、拥有了一定的权力，就自以为无所不能，利用各种潜规则横行无忌、任意作为。

因此，要让"潜规则"失去市场，关键是要改革权力结构，对公权力加以严格的限制和监督，使公权力的运行置身于公众和社会的监督之下，以阳光的操作和程序驱散"摆平"的黑暗，铲除滋生"摆平"的土壤；其次，加强法制建设，完善相关的法律制度，降低人们利用法律的成本，用严密的法律来弥补和修复社会规则中的漏

洞，让投机者无机可乘；最后，还要加强公民法治教育，引导公众树立法律至上、规则第一的理念，以法治文化代替"潜规则"文化，让"潜规则"成为过街老鼠，人人喊打。

38. "克己奉公"的权力健康

其一：德国最年轻总统武尔夫被迫辞职。理由是：从企业家朋友手中贷款 50 万欧元买房，利率为 4%，低于当时银行的 5%。并阻止刊发他私人房贷的报道……于是立马就被全国媒体炮轰，百姓上街示威令其辞职，打出的大幅标语是：蛀虫，敢掏我们的血汗钱，滚蛋！检察院就此取消其总统的刑事豁免权，被迫赶紧辞职走人。

其二：德国有一个经济部长的小舅子让他给企业写一封推荐信。官员给企业做推荐是可以的，但唯一错的是用经济部的信笺纸来写，

结果被媒体发现。媒体说你有两个嫌疑：第一，用经济部的信誉给小舅子做广告，显然是有谋私利的嫌疑；第二，经济部的信笺纸是国家的，你自己在市场上买 A4 纸随便你写。没过几天，这个部长就当着全国人民的面，道了歉，然后"被下岗"了。

其三：德国现任总理默克尔一次跟企业家吃饭，之后立马有媒体质问，总理是不是用国家的钱请客吃饭，总理慌忙把单据拿出来贴在网上，说是自己出的钱。这样媒体才罢休。

其四：时任丹麦首相拉斯穆森在 2012 年 2 月份出访秘鲁前，感觉腿不舒服，便独自前往离首相府较近的哥本哈根大学医院看病。在这家著名医院里，没有 VIP 专属区，没有所谓高干病房，拉斯穆森也和普通老百姓一样，排队挂号，排队等待医生就诊，排队预约手术时间。医生并没有因为拉斯穆森是首相而提前安排手术，普通民众看到首相排队就医，也是既不惊奇，也不感叹，就像看到一个普通的熟人，或者是一个邻居。而拉斯穆森因为要出访，询问是否可以提前手术，却被医生拒绝了。被拒之后，拉斯穆森并无任何不满，而且还为自己的行为感觉到很羞愧。为了不耽误访问行程，拉斯穆森忍受着腿疾，坚持出国访问。回国后，在事先约定手术的那天，他又有一个重要的国际会议要参加，然而，这次，他不得不推却那个会议，而去医院就诊。不然，他将不得不再次预约，并等待近一年的排队就医时间！

相对而言，德国、丹麦等地，有着较完善的权力制衡体系，能较有效地将权力关进笼子，使权力的行使只能为公办事，而不能用权力来牟取私利。比如说，在财政经费使用上，由于权力制衡，德国的国家财政支出没有任何可以由个人操作以牟取私利的空间。因为财政首先要有预算，年底有决算，少了一分钱就要小心你的乌纱帽。知道谁来监督政府吗？第一大监督是议会，这一关太难躲，反对党眼睛永远

睁得大大的。第二，媒体天天盯着。第三是司法监督，不管多大的官，到了法院该判就判，这是独立的司法。第四是德国独具特色的审计署。审计署官员精确到某个票据，换句话说几十欧元、几百欧元的钱都要说出来干什么了。

而在当前的中国大陆，由于政治体制改革远远滞后于经济和社会体制改革，权力并未得到有效监督和制衡，更未把权力关进笼子里。也就是说，在现有的政治体制下，中国的权力结构是失衡的。这种权力的失衡突出表现为：政府与市场、国企与民企、少数既得利益集团与普通大众、城市与农村等主体间权力的失衡。权力失衡就会衍生出巨额的权力租金，而且，权力失衡又为这种权力租金的变现提供了巨大的便利空间，使得政府官员在行使其权力时，可以很方便地利用手上的巨大的自由裁量权、资源支配权、行政审批权等权力，进行对自己有利的利益输送（如：进行奢侈的在职消费、安排自己的子女或其他亲属进入高工资高福利的部门工作、为亲人就学就医提高便利、获取高额的灰色收入甚至腐败收入等等），从而将权力租金转化为巨额的经济收入或其他利益。

持续多年的"公务员热"其实并不是好事，它反映了中国大陆已得了一种严重的病：权力病！这种病不仅扭曲了人性，也扭曲了中国的激励机制，使人们将才能和创造力配置于非生产性的再分配领域（注：政府是非生产性部门），而不是生产性领域；而且，更严重的是，腐败盛行将透支中国的未来，导致中国丧失公平正义和未来的经济增长。因此，中国大陆必须加快政治体制改革，构建起一个有效的权力制衡体系，削减和约束权力租金以及权力租金得以生成和发展的土壤，真正将权力关进笼子。唯有此，中国才能拥有一个经济繁荣、社会和谐的明天。

39. "局内局外人"的权力失衡

2013 年 8 月中旬，据中国之声《新闻晚高峰》报道，有河南网友爆料，郑州部分编制内环卫工嫌上班累、不干活，转而雇一些年老的农村人替他们干活。据了解，编制内人员工资为 4000 元左右，而临时工只需 1200 元。

关于此，在西方经济学里，有一个著名的"局内人—局外人"理论。这个理论是用来解释经济尤其是就业的周期性波动的。在这个理论里，局内人是指目前已经在职的雇员，或暂时被解雇但与在职雇员同属于某一利益集团的人。局外人是指长期游离于企业之外的失业工人或短期在职的临时工，局外人不受企业或行业工会的保护。在企业中，存在着一种成本，叫劳动转换成本——从一种工作转到另一种工作的成本或者从生手变成熟手的成本。转换成本的存在，使厂商在用局外人代替局内人时要付出较为昂贵的代价。因此，尽管局外人愿意接受比局内人更低的工资，但是，由于转换成本较大，压低工资的所得不足以补偿转换成本。所以，厂商不愿意以较低的工资来雇佣没有经验的局外人，而是乐于继续雇用高工资的局内人。这样，与局外人相比，局内人就具有就业上的实际优先权，从而使局内人在劳动市场上获得市场力量。而且，这种市场力量还因局内人的合作而加强。

其实，在我看来，如果加入权力结构的因素，从权力结构的视角来看待"局内人—局外人"现象时，这个理论就会有着更广泛的解释力。从本质上看，关于失业周期性波动的"局内人—局外人"理论是一种权力失衡下的必然结果：既得利益的局内人在调整工资时不会考虑局外人的利益，仅是为维护局内人的利益而变动工资；而且局

内人会利用他们的权力或其他优势来影响雇主的雇用政策，使雇主减少对局外人的雇用；或者局内人会利用信息优势来剥削局外人或新加入者。当局内人所在的组织是一个狭隘利益组织时，这种阻碍或剥削会更大，因为狭隘利益组织是排外性的组织，在位的"局内人"为防止其利益的稀释会千方百计地阻止或尽量减少其他人员的进入，或利用其信息或权力剥削"局外人"，从而导致失业、不充分就业和收入分化。

就中国的现实而言，由于约束不一样，"局内人"和"局外人"就有着其独特的划分了。在这里，我把具有真正决策权和影响力的人称为局内人，而把那些基本身在局中却没有决策权的人称为局外人。也就是说，我们不以是否身在"局"中作为划分"局内人"和"局外人"的标准，而以是否具有决定"局"的走势的力量作为其划分标准。相对"局外人"而言，"局内人"拥有着更多的权力。而由于"局内人"和"局外人"之间的权力不对等，就产生了三种值得我们特别关注和警觉的景象。

一是"局内人"对游戏规则的决定。一般来说，游戏规则——即制度——是由强势的博弈方，即"局内人"的偏好和利益所决定的。在我国，少数"局内人"把持游戏规则制定的事情并不鲜见。而且，在现有约束下，明明是"局外人"的，却会因为拥有权力而成为"局内人"，而明明是受政策和制度影响的"局内人"却因为缺乏权力而成为被代表的"局外人"。

二是"局内人"对进入机会的把持。"局内人"不仅拥有游戏规则的制定权，而且还会利用其权力来把持各种进入机会。比如说，据《中国青年报》一项对2147人进行的关于"你觉得央企招聘透明度怎么样"的调查显示，61%的受访者认为央企招聘"很不透明"，18.4%的受访者认为"不太透明"，10.7%的受访者认为"一般"。45.2%的受访者认为，身边不符合招聘要求进入央企的员工

"非常多"。

三是"局内人"对利益分配的独占。在好的游戏规则和公平的进入机会下，利益会得到有效稀释，被大多数人所共享；而当游戏规则和进入机会由少数人所把持时，就会出现利益被少数人所独占、多数人所得甚少的格局。在中国，正是由于"局内人"对制度、政策和进入机会的掌控，所以，利益也就向着"局内人"流动，成为他们饕餮的盛宴。

"局内人"对"局外人"的剥夺对一个国家走向公平、和谐、幸福和繁荣来说，具有多种负面效应：一是导致社会不公平，难以形成公平、透明和有序的游戏规则，从而导致潜规则盛行，显规则缺位；二是由于不能反映大多数"局外人"的利益，使得制度和政策得不到多数"局外人"的拥护，导致制度和政策的执行成本太高；三是使弱势群体被排斥在机会之门外，导致其人力资本投资和积累的下降，丧失对未来的信心；四是使收入分配严重不公，并进而引发经济结构失衡；五是加剧社会不同阶层和不同群体间的冲突，使社会治理成本居高不下……因此，有必要对此进行改革。改革的途径就是进行权力结构调整，在限制局内人权力的同时，赋予局外人同等的地位。

（漫画引自蒋跃新《河北中公教育》2013 年
6 月 7 日"机关事业单位家家都有'临时工'"》)

40. "设伏抓嫖" 的权力加害

2012 年 8 月，西安一位市民带着按摩女在路边走着，却被某警察带回警局，认定他嫖娼！事后，那位市民将此事告知了记者，称自己遭遇警察 "抓嫖"，被罚了三千块钱。陕西广播电视台《都市热线》随后在节目中进行了播报。播出有警察涉嫌 "设伏抓嫖" 后，引起了社会的广泛热议。西安市公安局新城分局高度关注和重视，他们连夜对于辖区内的所有浴足店进行了排查，并着手对 "设伏抓嫖" 一事展开调查。调查的结果是 "设伏抓嫖" 确凿无疑，某警察在搞"钓鱼执法"！

事实上，发生在西安的 "设伏抓嫖" 式钓鱼执法在我国并非个案，而这就是，在权力不受约束下，"权力加害" 所结下的恶果！

我们知道，权力有两种功能：施惠和加害。

所谓 "权力施惠"，就是权势者为自己、亲朋、亲信和己悦者谋取利益、施以恩惠的行为。权力施惠的方式有很多：提拔升迁、安排肥缺、解决工作、委托项目、打通关系、配置稀缺资源、进行额外奖励……权力施惠中，最厉害的，莫过于 "一人得道，鸡犬升天"。

所谓 "权力加害"，就是权势者为实现自己目的，以其权力将成本或伤害加诸于竞争对手或异己者身上，从而造成他人财产、肉体或精神上的损失。

权力的施惠功能，大多数人都有着清楚的认识，所以，人们会想方设法向权势者靠拢，或攀亲谋故、或屈迎奉承、或甘当仆役、或投其所好，以期获取权势者的恩惠。

不过，相较于 "施惠" 而言，权力的 "加害" 功能更为隐蔽，更难被人们所知晓，但其危害却更大。

权力加害之所以更隐蔽，来自于：一是很多权力伤害披着合法的外衣。由于大多数制度和政策都是由权势者制定的，一些权势者为实现个人目的，就会将其意志和利益进行包装，使其变成所谓的"制度"或"政策"，从而披上合法的外衣，并假借其合法性来行使伤害权。二是权力加害可以假借第三方来行使。由于权力的巨大租金或权力的强制力，权力拥有者常常可以用利益诱惑或伤害胁迫来驱使第三方出面，替自己去完成无法亲自露面的事情；甚至，在事件暴露之后，还可以假借权力来驱使第三方为自己担责，自己依然可以逍遥法外并享受人们的赞颂和膜拜。三是权力运行的性质为权力加害增加了隐蔽性。权力加害本身就是见不得人的丑恶现象，一般只能在暗中进行。一旦把权力运行过程包括决策、执行和监督等环节置于人民群众的监督之下，有序地扩大公众的政治参与，消除权力运行的封闭性、隐蔽性和神秘性，掌权者就难以滥用权力牟取私利和进行不正当、不合法的权力伤害。然而，问题却是，权力本身具有专断和封闭的倾向，社会政治环境的不确定性、不民主的存在却使权力运行的封闭性、隐蔽性和神秘性难以消除。

而且，更值得我们警惕的是，相较于权力施惠而言，权力加害对社会的危害更大。其原因在于：一是得到和失去所引起的效用变化是不对等的。正因为这样，权力施惠就远不及权力加害对他人造成的影响大。更何况，权力施惠常常是以权力加害为基础的，没有了对他人的权力加害，自己就无法攫取利益和满足。三是建设和破坏是不对称的。破坏容易、建设难。相对于权力施惠而言，权力加害更具破坏性，它不仅会造成受害者财产、人身、精神上的巨大损失，也会使这种加害性传染开来，使人人自危，甚至变成施害者，并使恐慌蔓延到整个社会，使人只信奉权力、膜拜权力，最终导致社会公正、理性、善良、秩序走向沦丧和缺失。正因为这样，我们可以看到，那些权力

没有得到有效约束、进而权力加害横行的国家和时代，往往就是人间地狱，缺乏最基本的公平正义和良知理性。

那么，是什么决定了权力加害的盛行呢？

权力结构！

在好的权力结构——相对均势的权力结构下，一是权力施惠于大众而非自己或亲人，二是权力的加害功能也会被极大的抑制。这是因为，在一个相对均势的权力结构下，权力的垄断性和绝对性都会得到削弱，权力使用也会得到有效的制约。这样就会带来以下结果：首先，极大地提高滥用权力加害功能的成本。在一个均势的权力结构下，权力的使用会得到有效的制约，一方如果滥用权力的加害功能，就会得到其他各方的有效反抗和制衡，来自其他各方的同等的加害能力，会极大地提高权力者使用加害功能的成本，从而抑制其滥用权力的加害功能。其次，会提高权力使用的透明度。在权力垄断时，弱小的一方没有力量与强势权力方抗衡，也就无法要求其做到权力透明；而权力强势者自己更没有激励去推行权力透明化，因为权力的隐蔽性运作对其更有利。而在权力结构相对均势时，均势的各方都有力量和激励要求提高权力使用的透明度。因为，权力的透明化，会使社会运行成本降低，进而增进社会整体福利；而自己作为一个权力均势者，也可以从社会整体福利的增加中获益。一旦权力使用透明化，掌权者就难以滥用权力牟取私利或进行不合法的加害了。即使发生了不合法的权力加害，也容易发现并及时追究。因此，阳光是消灭不合法权力加害的最好杀毒剂。再次，会降低权力加害披上合法性外衣的可能性。在较均势的权力结构下，任何政策或制度的出台都是均势各方博弈的结果，此时的政策或制度更可能满足"模糊的面纱原则"——即公正无偏原则，一些伤害权就很难再假借"合法"的外衣，借政策或制度推出被掌权者所滥用了。最后，会降低暴力治理而促进契约型、规则型治理。历史表明，权力越垄断、越绝对，就越可能走向暴力治理，进而，权力的加害功能就越强。而在权力得到有效制约时，人们就会更多地依靠契约和规则来治理和交易，此时，掌权者就很难实施权力的加害功能，尤其是权力的非法加害功能。

透视中国的现实，我们一方面要高度警惕，防止权力加害的滥用和蔓延；另一方面，要加快权力结构改革，加快权力运行的制约化、透明化、法治化。这样，才有可能实现"中国梦"。

41. "死在编制里"的身份认同

2012 年 7 月 18 日，搜狐新闻报道，一位女士为进一家事业单位花了 9 万余元，工作 3 年多，才挣回来。问她感受如何，回答说"划得来"，因为成了体制内的人。另据报道，一位年薪达 20 多万元的白领，"毅然"去报考公务员。问他为何？答曰："公务员更风光。"而某报考公务员的研究生则称："死也要死在编制里。"为什么他们会如此选择？

各位看官，当你们读到上面这则故事时，你们有何感受呢？其实，对于天朝的大多数人来说，是见怪不怪了。不过，你们知道，为什么许多人"死也要死在编制里吗？"

答案是身份！身份认同！

身份是个体作为某个社会群体成员的自我概念。当我们把自己归入某个社会类别或外界把我们归入某个社会类别时（March，1994），我们就有了某种社会身份，如性别、宗教、职业等。学者们很早就注意到社会身份对人类行为决策的重大影响力。但对于由身份引起的许多问题，传统的经济学却不能给出合理的解释，因此，它们常常被归结为文化因素、社会心理因素，或者为非理性的行为。

近年来不少学者围绕身份问题，展开了多角度的探讨，并形成了现代经济学的一个新方向：身份经济学（Identity Economics）。身份经济学旨在回答三个重要问题：（1）单个的个人为什么有不同的社会身份——不同的自我？（2）许多不同的人为什么可以组成一个共处的社会群体——拥有相同的社会身份？（3）身份与社会福利、财富之间有什么关系？

在所有研究身份经济学的杰出学者中，诺贝尔奖得主阿克洛夫（George Akerlof）是开创人和领导者。早在 2000 年，阿克洛夫在《经济学季刊》发表了一篇重要论文"Economics and Identity"（经济学和身份），首次把社会学的"身份"概念引进标准新古典效用分析框架。

首先，他认为经济学中最重要的决策是一个人想成为什么样的人，也就是身份认同问题。这里的"身份认同"包括两方面含义：第一层意思相当广泛，指人归属的某一种社会范畴或类型，即所说的身份，你是属于哪种类型的人，农民或工人，黑人或白人，这种社会范畴产生于人们之间存在的差别，只要有差别就有不同的社会范畴；第二层意思是社会心理学的，特指一个人对自己的一套行为模式、价值观的认同。某人属于这个社会类型，就必须做与这个社会类型相对应的事情，行为也必须符合给定的行为规范（Prescribe Action），不管有没有人监督，人们都会这样做。比如作为"老师"这样的身份，就对应"老师"应该有的一套行为规范。而如果教师做了损害身份的事情，即使没有人监督，其内心也会因身份认同受到影响而感到不安。

在此基础上，他指出，个人效用函数取决于三个变量：个人自己的行为、群体中其他人的行为、个人自我身份认同。即：除了自己的行为之外，实现个人效用最大化还来自群体中其他人对自己的影响以及自己在群体中的自我认同感。并且，阿克洛夫把"身份"定义为与特定的社会范畴相联系的自我感受，认为身份能改变自己的行动支付（Action Payoffs）也能改变他人的行动支付，身份选择是经济行为、机会和福利的关键决定要素；进一步地，身份认同虽是心理的自我意识（Sense of Self），但它同时也是左右群体/机构成败的规范。决定一个群体/机构是否运转良好的最重要因素不是薪酬奖励机制，而是组成该群体的个体对该机构是否产生认同感。如果缺乏认同感，个体将寻求从奖励机制中谋自利而不是追求该机构的目标。

当然，除了关注阿克洛夫外，我们还应关注森（Sen）近年来对经济学身份研究的独有贡献。不同于阿克洛夫外生的身份认同假说，森关注自由选择身份。森（Sen，2004、2006）认为，当把个人身份贴上社群属性的标签，是把丰富的人性之美塞进单一狭隘的身份盒子里，是一种高级理论的低级应用，延续到今天的冲突与暴力都受这种单一身份的幻想影响。宗教和族裔可能是人们重要的身份认同，但世界上的人民不能仅仅从宗教归属的角度加以认识，自由和平的生活需要包容性，需要从严重分裂的身份冲突中解放出来。

此外，就我的观察而言，身份认同与权力结构息息相关：越是权

力结构失衡的国家和时期，交易就越是人格化的，身份认同就越严重。

但不管怎样，身份是个问题！

42. "偷逃过路费"的特权影子

2011年1月，一个关于"河南农民偷逃过路费被判无期"的案件及其审判结果成了众多媒体和网民争论的焦点话题。案情是这样的：为了逃掉高速通行费、多挣钱，河南禹州市一农民（时某）购买两辆大货车后，拿着两套假军车牌照疯狂营运，在2008年5月4日至2009年1月1日，免费通行高速公路2361次。2009年12月18日，两辆车的车主时某因涉嫌诈骗罪被刑事拘留，2010年1月22日被批准逮捕。2010年10月17日，平顶山市检察院指控时某犯诈骗罪，向平顶山市中院提起公诉。同年11月19日，平顶山市中院公开审理此案。该中院审理认为，时某以非法占有为目的，虚构事实、隐瞒真相，骗取河南中原高速公路股份有限公司免收其通行费，财物损失达 368 万多元，数额特别巨大，其行为符合诈骗罪的构成要件，已构成诈骗罪。2010 年 12 月 21 日，法院做出判决，时某犯诈骗罪，判处无期徒刑，剥夺政治权利终身，并处罚金 200 万元，并追缴违法所得的一切财物。

为何该案会成为全国人民关注的焦点？为何多数民众对平顶山中院的判决表示质疑？为何人们会对时某深表同情和怜悯？这些民意背后的力量和不满隐含着怎样的深意？我们又该进行怎样的反思，以便从中寻找到推进改革和构建和谐社会的执政理念和执政模式？

经济学理论认为，人是理性的"经济人"，就是说，人会在既有的约束条件下想方设法地追求自己的利益最大化。这种自我利益最大化是个体行为的基本动机，个人在选定目标后对达到目标的各种行动方案根据成本和收益做出选择。而一国制度的好坏和权力的配置，就成为决定人们行为的成本和收益的最主要因素。

制度是"一个社会的博弈规则，更规范地说，它们是为了决定人们的相互关系而人为设定的一些制约。制度构造了人们在政治、社会或经济方面发生交换的激励结构"。因此，制度天然就带有约束力量，它界定了"经济人"活动的空间和维度，其作用在于使我们知道，应该做什么，不应该做什么；同时，制度也是一种激励机制，在不同的制度条件下，"经济人"会受到不同的激励，从而表现出不同的行为方式。此时，制度的好坏就至关重要了。对此，邓小平曾有"制度好可以使坏人无法任意横行，制度不好可以使好人无法充分做好事，甚至会走向反面"的著名论断。

在现实世界里，许多制度的生成常常不是力量均势的双方或多方通过平等谈判、民主协商的结果，而往往是强势利益集团利用手上的权力、信息优势迫使其他集团接受的结果。如果一种制度安排下，某些人享有特权，某些人却不得不支付过高的代价，那么此时，享有特

权的人就获得了某种权力租金，那些没有特权的群体或者不得不向特权阶层进行支付（比如行贿）以购买某种方便；或者不得不假装成特权阶层，以获取来自第三方的优待；或者不得不成为"刁民"，通过某些手段和方式来减少支付、降低成本、谋求生计。而且，这种制度往往会演化成一种"坏制度"。

我国现行的公路投资体制是在交通系统内部封闭运行，采用投资、建设、管理、运营"四位一体"的管理模式。这种"四位一体"的管理模式，造成了我国高速公路的收费乱局：一是，公路管理权与经营权的不分，直接导致了公路执法主体的错位，使得公路经营企业往往充当了执法者的角色，任意地行使其经营、收费和行政执法的权力，从而在收费政策上起着主导作用。二是，在"四位一体"模式下，一切资金由交通部门自行征收使用，对外融资实行统贷统还，独立设置项目法人，再加上不受制衡的招投标市场，导致了政府权力部门化，部门权力个人化，个人权力绝对化。绝对化的权力就成了许多高速公路投资和收费企业寻租的对象，通过寻租活动（比如行贿），这些企业获得了长期和高额收费的权力，国家财产大量流失。三是，在过高的收费下，一些运输企业和个人无钱可赚、无利可图，他们不得不采取其他（非法或者违法）的方式来逃避这种收费，如超载、行贿、非法购买伪造假军用和警用车牌照等等。

在"坏"的高速公路收费制度下，如果这种制度对所有的车都能实行一视同仁的收费，而不管它是不是军车、警车和政府之车，就不会有冒用军车、警车牌照的行为出现。由此，可以看出，在一个诸多领域都充斥特权的国家，一是必然会产生"坏的制度"，二是这种"坏的制度"又会因为特权的存在而固化、长期化和蔓延化。

应该说，此案在中国并非偶然，也非个案。然而，从网上和媒体上一边倒的民意我们可以读出：为了逃避高速公路过高的收费，绝大多数货运车不得不超载，许多司机不得不通过其他手段和途径来规避这种畸高的、不合理的收费和制度设计；而军车作为一种特权车，就自然成了时某等人逃避收费的手段。由此，可以断定：此案引起争论的或许不在于时某被判刑过重，而在于它所反映出的现阶段存在于我国诸多领域的特权和坏的制度安排，在这种坏的制度下人们的行为扭曲，以及在既得利益集团的把持下，民意的被忽视、人们的无奈和改良这些坏制度的艰难性。此外，此案也反映出一个国家要走向民主、现代的文明之国，必须取缔特权，给广大民众以制定制度的真正权力；必须在权力制衡下，使制度真正的变成"好的制度"，并以此来促进经济增长和这种增长成果的全民共享。

43．"万元公积金"的灰色收入

据中国之声《新闻纵横》报道，一份名为《兰州石化党委办公室 2011 年度职工住房公积金明细账》的文件显示，在名单上的 52 人中，兰州石化为其缴存公积金超过 9 万元的有 10 人，缴存额最高的达到 12 万元，平均每个月 1 万；如果再加上自己缴存额，其 2011 年

公积金账户里有 16.7 万元。这份公积金账本着实让人咋舌，有人感慨，兰石化的公积金比他一年的收入都要多！

另外，据报道，2012 年，中石油净利润下滑 13.3%，但是员工费用高达 1061.89 亿元，同比增长接近一成。按照 86.67 万员工人数计算，中石油去年员工平均费用是 12.25 万元，为 2012 年城镇居民人均收入的 4.6 倍！

除了公积金、职务消费等收入外，垄断国企在购房上也享受着超额优惠。如：2008 年以来，中石油兰州石化共团购过两次商品住宅，一次是 2008 年以 3200 元/平方米团购雁京罗马花园住房 1175 套，另外一次是 2012 年以 6200 元/平方米团购与雁京罗马花园一街之隔的阳光怡园。值得注意的是，阳光怡园亦对外出售，外售价格在 7000 元/平方米以上。

当然，就中国现实而言，不仅仅是垄断国企享受着巨额灰色收入，还有另一个庞大的群体也在享受着巨额灰色收入——那就是政府人员！

据王小鲁估算，当前，我国每年的灰色收入之多，简直让人咋舌——接近 10 万亿元！而且，如此巨额的灰色收入，基本上是被权力所有者所攫取和占有。

而在我看来，他们之所以能攫取和占有如此巨额的灰色收入，就在于其权力上的垄断或强势地位。也就是说，权力结构失衡才是中国"灰色收入"畸高不下的真正决定性原因！

第一，权力失衡会产生巨大的权力租金并为权力的货币化创造条件。权力结构的失衡，会使某些群体在社会权力格局中居于权力垄断地位。垄断就会带来垄断租金。因此，如果一个社会其权力格局是失衡的，权力租金就会相伴而生。并且，权力结构越失衡，这种权力租金就可能越大，强势权力集团由此所获取的经济和非经济利益就可能

越高。而失衡的权力结构，又为权力租金的货币化创造了条件。这是因为权势者可以将其权力嵌入到资源、要素和职位的配置中，通过主导资源、要素和职位的配置，就可以将许多"黑色收入"灰色化甚至是白色化，从而实现利益向着有利于自己的方向输送；而且，由于缺乏可以相抗衡的权力集团和透明的、独立的第三方（如媒体）等，权势者将权力租金货币化的风险将很低、成本将很小。

第二，权力的非继承性和时效性导致掌权者有很大的激励去尽快兑现其权力租金。应该说，随着时代的进步和社会的变迁，在当代中国，公权力的非继承性已成为一种主流价值观（当然，公权力的继承性还未彻底清除，某些领域还存在公权力的变相世袭，比如现在常常被老百姓诟病的"官二代"等现象）。因此，要想传袭其权力、实现权力租金的长期最大化就变得越来越困难；也因此，就导致权力具有很强的时效性。权力的非继承性和时效性一方面会迫使权势者想方设法延长其掌权时间，比如通过延长退休年龄、配置亲信、将权力嵌入到各种关系网络中，从而尽可能延长权力租金的贴现期；另一方面，当无法延长其掌权时间时，将迫使权势者尽早尽快地兑现其权力租金，以免权力租金遭受不确定性和时间的侵蚀。故此，权势者就会利用各种途径，包括灰色途径来寻求其权力租金现值的最大化。而且，"灰色收入"的兑现的快慢与他们权力消失的快慢成正比，权力消失越快、非继承性和时效性越强，"灰色收入"兑现的速度就越快。

第三，权力失衡会导致市场发育滞后和失序，失序的市场又为灰色收入创造天然的条件。市场是交易主体之间基于平等的身份和权利的匿名交易，当交易成本足够低时，科斯定理就会起作用，即在零交易成本（或交易成本很低）和不考虑财富效应时，产权的配置不会改变资源的使用效率。然而，一旦涉及政治领域，在权力结构失衡时，科斯定理将不再成立（Acemoglu，2002）。也就是说，权力结构

的失衡会影响市场的发育，使规则性契约失去作用，而关系型契约或者说潜规则则大行其道，从而导致市场滑入"权贵资本主义"（吴敬琏，2008）的游戏场。一般来说，市场交易是充满竞争和比较透明的，其利益输送是比较规范的；而非市场的交易则是基于权力的和比较隐蔽的，其利益输送是灰色的甚至是黑色的。因此，一个国家的市场发育越不完善、游戏规则越不透明、受权力的干预越多，这个国家的"灰色收入"就越高。

无论是权钱交易、公共投资领域腐败、土地收益分配还是其他垄断利益的攫取，就其根本而言，都是权力失衡下，权势者追求其权力租金最大化和尽早尽快实现权力租金货币化的体现。所以，当代中国最重要的是深化改革，把改革推向纵深，打破权力垄断之格局，重塑起一个相互制衡、相互竞争的权力结构。

三、现实故事中的政策与趋势

44. "富豪变菜贩"的政企关系

《法制晚报》报道了这样一件事情：今年 53 岁的河南新密市人刘春喜，原本是个亿万富豪，现在却为筹钱给工人开工资、还贷款，不得不沦为菜贩子，开着面包车从河南赶到北京，车里装着大蒜、粉条、黑小米、黑绿豆、黑花生、黑麦仁、绿豆等 3 吨多的土特产，从早到晚的劳作，甚至忘记了中秋的到来。造成此的直接原因是，过去几年，刘春喜投入全部积蓄加上银行贷款共计 2.16 亿元，在河南兰考县建设烟标生产工厂，但在河南中烟工业有限责任公司的招投标中连续败北。但让人不解的是，记者的调查发现：在 2013 年河南中烟的招投标中，10 家被刑事判决书认定有行贿行为没有竞标资格的企业，却奇迹般中标！

刘春喜的遭遇深刻反映了当前中国经济中存在的一个残酷现实：许多民营企业的命运维系在垄断的国有企业和政府上！如果运气好，与国有企业或政府有着各种各样的关系，能得到它们的青睐，则可以迅速飞黄腾达；而如果运气差，攀不上这门子关系，则可能命途多舛。

当然，我们知道，除了经济上的垄断外，还存在另外一种垄断——行政上的垄断。就中国的现实而言，行政上的垄断带给民营企业主的伤害并不比国企垄断低。由于一些官员手上掌握巨大的审批

权、巨额的财政资源、经济资源和人脉资源，一些民营企业家不得不依附于这些官员，或者与他们沆瀣一气、共同牟利，或者与他们狼狈为奸、各取所需，或者与他们称兄道弟、权钱交易。

某些民营企业主无论是因为国企垄断，还是因为行政垄断，而从亿万富豪变成菜贩子，或从菜贩子迅速发家为亿万富豪，其根本就在于中国的政商关系出了问题！

政商关系是政府（包括国有企业）与私人商业间的关系。好的政商关系应该是基于法律的、透明的、清廉的、平等的、相互支持的关系。而坏的政商关系，则是一种以裙带为基础的、以追逐垄断租金为目的的、以权钱交易为形式的、非平等的政商之间的关系。

经济学的研究表明，一国能否建立起一种好的政商关系，对于该国私人企业的健康发展来说至关重要，对该国宏观经济的长期发展和社会和谐来说也是至关重要的。

中国亟须建立一种新型的政商关系。这种新型的政商关系就是基于现代法治社会下的、基于政与商各自性质和需求的、以追求良性互动、合作共赢、共同发展、造福社会为取向的、透明而清廉的关系。

45."住建部爽约"的改革困局

2013 年 7 月 1 日是住建部年初承诺的实现 500 个城市住房信息系统联网的截止日期，而今，期限已过，官方却没有任何关于联网成功的表态和介绍。其实，早在 2011 年年底，住建部就提出将全国 40 余城市个人住房信息统一联网查询。随后，该项目和保障性住房信息系统、100 个城市住房公积金信息联网系统一并，得到国家发改委的立项批准，项目周期总计约为 3 年。住建部部长姜伟新早前也曾表示，住房信息联网系统有相当的难度，但要继续努力把它建立起来："加快推进所有地级城市个人住房信息系统与省和部的联网工作。"可现实是，在各种阻力下，住建部并未实现自己的承诺，而是在信誓旦旦后，再一次爽约！

政府的爽约危害大矣！不仅会导致政府失信于民，降低其信用度和权威性；也会导致社会契约精神的丧失和沉沦。这是因为，政府作为游戏规则的制定者和社会矛盾的裁决者，其承诺是社会信用的基石。如果作为社会信用基石的政府自身都不讲信用，不履行承诺，整个社会的信用从何谈起？

我想，爽约的危害，政府本身应该也有着清醒的认识。

从此次住建部在住房信息系统联网一事上的爽约上就可以清楚地看到这一点。中投顾问房地产行业研究员殷旭飞告诉《每日经济新闻》记者，住房信息联网工作的开展不存在技术等方面的难题，其难以实施的原因主要集中在主观方面的阻碍，触及部分人的利益，地方政府不配合、官员信息公开、基础数据整理确实庞杂等因素均使该项行动寸步难行。而财政部财科所所长贾康也曾表示，房产信息联网

技术上没有问题，信息方面成为各种各样的孤岛，主要不是技术问题，而是有些部门和地方顾及相关利益，存在故意控制的举动。

就中国改革而言，主要是一种自上而下的改革。这其中，最高层的"官家"——中央决策层——往往是改革的推动者，因为唯有推动改革，才有可能长期执政；而次一级的"官家"——包括各个部委、地方政府、垄断性国有企业等往往是被改革者。改革的目的，是稀释被掌控在次一级"官家"手上的巨大权力，把这些权力或收归中央从而提高中央的权威性，或进一步下放给更次一级的行政单位，或分权给社会、民营企业和公众。

改革的实质，就是要削减或重组它们手上的权力。而这，无疑就会损害其既得利益。当它们的利益受损时，就会联合起来，阻止那些不利于它们的改革的推行。特别的，由于一些关键环节改革的滞后，这些主要由各类"官家"所组成的利益集团已经坐大，有了属于自己的特殊利益，并且，它们可以利用自己手上掌握的巨大资源（经济资源、关系资源甚至是政治资源）来与改革推行者相抗衡，甚至是挟持中央政府以阻挠改革的推进。

而中央政府呢？一是推出的改革方案本身存在缺陷，未正确预料到来自特殊利益集团的阻力，在遭遇到既得利益集团的阻挠时，缺乏足够的理由来打动既得利益集团，并获取他们的理解和支持；二是缺乏鼎力推动改革的决心、勇气、智慧和魄力，一旦遇到阻力，就缩手缩脚、不攻自败；三是中央政府尤其是各部委本身未能超越于利益集团之上，真正成为一个代表最大多数人的"中性政府"，未能真正推动有利于大多数人的改革；四是未能真正依靠人民，真正向人民放权，并通过民主的力量、舆论的力量来同改革阻挠者进行斗争。

正因为这样，我们就可以看到许多承诺只是"口惠而实不至"，许多改革也仅停留在口头上，而未走向实际；即便走向了实际，但一到"官家"，就无法再推行了。尤其是，在当前各种矛盾堆积、经济转型迟缓的情形下，人们普遍认为，如果不能打破特殊利益集团的"官家"对改革的把持和阻挠，中国将在一次次爽约中走向混乱和"中等收入陷阱"。而这绝非危言耸听！

值得期待的是，以习近平和李克强为首的新一届中央领导集体，已经发出了要强力推动改革向纵深和关键矛盾点推进的明确信息。不过，就中国改革的关键点而言，我认为是对权力结构的重构！如果不能重构权力结构，改革的效度将大打折扣。

期待以后来自政府的承诺都能得以践行，更期待下一轮改革有着实质的进展，而不再是仅到"官家"止！

46. "跨国公司变坏"的环境约束

2014年7月20日，发生了震惊中外的"福喜事件"。记者卧底两个多月发现，上海福喜食品有限公司存在大量采用过期变质肉类原料的行为。这家公司被曝通过过期食品回锅重做、更改保质期标印等手段加工过期劣质肉类，再将生产的麦乐鸡块、牛排、汉堡肉等售给肯德基、麦当劳、必胜客等大部分快餐连锁店。记者调查发现，2014年6月18日，18吨过期半个月的冰鲜鸡皮和鸡胸肉被掺入原料当中，制成黄灿灿的"麦乐鸡"。记者还获悉，这些过期鸡肉原料被优先安排在中国使用。另外，肯德基的烟熏肉饼同样使用了过期近一个月的原料。供应给百胜的冷冻腌制小牛排过期7个多月仍照样使用，小牛排已经发霉发绿。2014年6月11日和12日，该公司加工的迷你小牛排使用了10吨过期的半成品，这些材料原本都应该作为垃圾处理掉。但是，经过处理，保质期又重新打印延长了一年。其工作人员甚至侃言："过期也吃不死人"。报道称，为应付监管部门的检查，公司还做了对内、对外的两本账……

2011 年以来，有关跨国公司在中国不守诚信、虚假经营、大肆行贿、不履行社会责任的报道屡见报刊和电视新闻。这不得不让广大国人心中泛起一个疑问：为何一些跨国公司进入中国后就开始变坏呢？

经济学常识告诉我们，企业天生是追逐利润的，跨国公司进入中国，其目的也是想方设法在中国赚取更多的利润。然而，经济学常识亦告诉我们，一个企业的行为要受其所在市场环境、法律环境、人文环境等因素的制约，这些因素共同作用，决定着企业的成本函数或收益函数，理性的企业通过分析各种行为的成本与收益，来决定其在一个环境下的选择和行为。我想，一些跨国公司之所以有恃无恐，可以公然作恶、欺诈中国消费者和践踏中国法律，正是因为中国的市场环境、法律环境、政策环境和消费环境等方面出了问题，使得这些跨国公司进入中国后就变坏：

其一，中国的法律不健全。由于从计划经济到市场经济的转型时间不长，而且参与国际竞争的时间也不长，中国当前许多领域的相关法律法规并未建立健全，即便有成文法律，但很多标准太"宽大"，哪怕别人的一些行为是有损国人利益、健康的，按照我们现行的法律法规、标准，仍然是合法、达标的（比如强生卷入"致癌门"之后，强生全球创新中心亚太区研究与开发部副总裁吴冬 2011 年 11 月 5 日接受新华社记者采访时就说，强生的配方是根据不同国家法规要求而制定的，你们怀疑强生婴幼儿卫浴产品甲醛过高，但是中国国家食品药品监督管理局 2009 年组织抽检的结果显示，甲醛含量比国家标准还低很多哩）；而且一些法律法规严重缺乏操作性，难以确立赔偿标准和惩罚标准（如 2000 年 4 月 1 日起施行的《海洋环境保护法》就是这样的一个法律，因此，在对康菲石油的索赔中，很多方面找不到相对应的法律依据）。

其二，中国的商业环境有待改善。主要体现为：一是存在商业腐败。由于权力嵌入市场的诸多方面，为寻找权力租金，许多领域的商业资本和权力相勾结，从项目招投标、政府采购、商业采购、销售、市场准入、质量监管和检测、卫生防疫、税收征取等许多环节都存在着腐败。跨国公司进入中国后，也不得不遵循这些"潜规则"，依附于权力及其带来的保护。二是企业竞争手段恶劣。在国内，各种非道德的竞争手段肆意横行，假冒伪劣泛滥、黑市成分、垄断企业欺行霸市，为站稳脚跟和赢得竞争，一些跨国企业也不得不采取非道德非诚信的竞争行为。三是诚信体系建设不到位。在中国，有的企业不讲诚信，随意违背契约，尤其是在债务环节，很多企业恣意拖欠银行或其他债权人的款项。这种不讲诚信的风气无疑也会影响到跨国公司。四是创新得不到应有的尊重和保护。由于缺乏对创新的有效保护，一些具有良好市场"钱"景的创新一旦问世，会很快就被复制，导致创新企业不仅没有获得市场势力，反而背负了巨额包袱。五是不负社会责任。总体来说，中国的企业多数缺乏社会责任感，这也对跨国公司产生了一种"示范效应"，导致其进入中国后，不主动履行社会责任。

其三，中国的地方政府以 GDP 为导向。为促进辖区的 GDP 快速增长，从而获取较好的政绩，许多地方政府大力招商引资，只要资本愿意来，即便是跨国公司的恶行，亦可以抱以最大的宽容。因此，假使某地的跨国公司不守诚信经营之道，采取一些"坏"的经营行为，地方政府一般采取大事化小、小事化了的态度来应对，而不是对其采取较重的惩罚，加大那些作恶的跨国公司的坏行为之成本，从而抑制其进一步变坏。

其四，中国消费者的善良和无奈。中国消费者的善良主要是指作为一个整体，中国消费者的维权意识不高。很多消费者，在受到跨国公司欺诈后，都选择忍气吞声、自认倒霉，而不是用法律的手段对那些作假作恶的跨国公司进行诉讼，要其进行高额的赔付；而且，由于

集体行动的困难，中国的消费者也很难组织起来，共同讨伐那些"变坏"了的跨国公司。而无奈指的是由于国内市场的不健全，很多方面并未出现替代跨国公司的产品和服务，导致消费者不得不依附于跨国公司。

经济学告诉我们，资本或企业从来都是以追求利润最大化为目的的，无所谓有没有道德基因，它之所以变好，是因为环境使其不敢作恶、不得不变好。所以，当我们骂跨国公司"心太黑"、没有企业社会责任感的同时，还应该多反省一下自己：是不是我们自己在某些方面出了问题？

47. "三一迁都"的经济之痛

2012年11月21日有消息称，三一集团董事长梁稳根在公司早餐会上宣布，公司最晚在年底之前将总部搬迁至北京。此事迅速引发了社会各界的争论。而到2013年2月，尘埃落定。不管前段时间有关三一重工及其掌门人梁稳根的传闻怎样，到目前为止，我们能从媒体的报道中知晓的一件很确定的事——就是：三一的总部（甚至注册地）正从湖南长沙迁往北京！

作为企业，三一当然有其"迁都"的种种理由。我并不打算去探究三一"迁都"背后的种种原因，那不是我的所长，我也缺乏足够的精力去探查其中的各种信息。然而，对于一个专业的经济人士而言，三一的"迁都"作为一个重要事件和一种重要信号，却不得不让我们驻足下来，投入足够多的关注，保持足够高的警惕，审视其对中国经济的未来发展具有何种意义。

各位读者，我想告诉你们的是：很不幸，三一"迁都"是中国经济之痛，而非中国经济之福。即便三一"迁都"对于其本身的发展来说可能利大于弊，但通过认真而深入的分析，我们就会看到，对中国整体经济的发展来说，其弊远大于利。三一"迁都"不仅深刻地反映出了中国经济之病，而且，从某种程度上来说，它进一步恶化了中国经济之痛。其伤痛主要体现为以下四个方面：

痛一：会提高北京的经济和政治垄断地位。当前，越来越多的国家选择将首都搬离经济中心，比如韩国。然而，北京却在不断强化其作为经济中心的职能和地位。从全球500强企业的总部所在地指标来看，在2011年的世界500强中，入选的69家中国企业，竟然有40余家的总部在北京。而全国其他地区，只有29家。并且，通过考究企业的所有权性质，我们可以发现，北京入选《财富》500强的企业，竟然100%为国有企业！

三一重工作为民营企业的突出代表，它把总部（甚至注册地）迁往北京，会产生一种示范效应，诱使其他的优秀民营企业也把总部迁入北京。这样，无疑会进一步巩固北京作为经济中心的地位。

痛二：会加剧地区间发展的不平衡。中国的地区发展极不平衡。从收入上来讲，2011年，按常住人口计算，人均GDP最高三个地区是天津、上海和北京，分别达到86496元/人、82560元/人和80394

元/人，而人均 GDP 最低的省份是甘肃、云南和贵州，分别为 19628元/人、19038 元/人和 16117 元/人。最高和最低地区的人均 GDP 相差 3 倍以上。即便是处于中游的湖南省，其人均 GDP 也不过 29893元，也不到北京的 1/3。除了人均 GDP 外，北京等发达地区在人均教育支出、人均医疗费用、人均营养摄取量和所享的公共基础设施和公共服务等方面都远优于中西部的落后地区。

据媒体报道，三一总部（甚至注册地）从长沙迁往北京，不仅会导致湖南减少数百亿元的 GDP，也会损失几十亿元的税收收入。这对于原本经济实力就不怎么强、人均 GDP 较低和财政收入不怎么高的湖南来说，无疑是一种巨大的损失。尤其是，三一所拥有的品牌效应和竞争力对湖南省来说也是至关重要的。三一的外流，除了会影响湖南的财政收入外，还会给湖南带来一种声誉损害，使人们有理由怀疑湖南的投资和经营环境。而三一的流入，则会增强北京的经济实力和经营环境信誉。如果有许多其他的优秀民营企业效仿三一的做法，从中西部迁入北京或上海等地，那么，无疑就会扩大以湖南为代表的中西部省份和以北京为代表的发达省份之间的差距，从而，进一步加剧中国经济的地区差异和不平衡性。

痛三：会导致财富向权力进一步靠拢。有人撰文称，三一集团掌门人梁稳根在十八大未能当选中央委员，对其触动很大。三一之所以迁往北京，很大程度上是为了获取更大的政治资源。对于这种言传，我们姑且不管其真实性和可靠性有多高，但可以确定的是，以三一为代表的民营企业向北京的"迁都"会进一步导致财富向权力的靠拢。

以三一为代表的优秀民营企业是在市场的浪潮中，通过技术进步、服务改善和为客户创造价值，不断成长和壮大的，其财富来自于为市场和为用户创造实实在在的价值。然而，当这些优秀的民营企业开始寻思向权力靠拢时，其增加研发投入、寻找新的市场和为客户创造价值的原始冲动就会降低。

痛四：会进一步影响中国的经济安全。罗天昊在《警惕北京绑架中国经济》一文中写道："财富集中于首都，非常不合理。北京挟制了太多的全国性资源，对于地方的发展，造成了抑制作用。同时，在发生对外战争的情况下，首都一旦有变，将出现毁灭性的灾难。在民国时期，国民政府将财富过于集中于南京，当日本占领南京后，中国经济遭遇巨大创伤，可谓前车之鉴。当下中日争锋，未来中俄争锋，北京均处战略威慑之下。"对此，我深以为然。如果诸多优秀民营企业都像三一那样"迁都"入京，无疑，对于中国经济安全而言，是一种雪上加霜的重压。

为了中国经济的长期健康和均衡发展，真心希望三一"迁都"入京只是个案，真心希望其他的优秀民营企业能扎根于中西部，与中西部地区共同成长和发展。也希望无论是北京还是各地方政府能真正改善投资环境，给民营企业应有的政治话语权和资源平等使用权；希望企业与企业之间应加强合作，而不是恶语相见、相互拆台和恶性竞争。更希望更多的企业总部迁出北京而不是迁入北京！

48. "货币超发"的恶果潜因

自 2012 年以来，关于中国是否货币超发了，以及为什么会超发，成了中国经济学界的一个争论焦点。

作为央行行长的周小川并不认同中国已经货币超发。在他看来，虽然过往 10 年，中国 M_2/GDP 有所提高，但其客观原因在于我国处于市场化转轨时期，货币化进程加快，而且中国经济金融结构中储蓄率过高、直接融资发展不足。所以，中国经济并不存在货币超发问题。

为说明中国是否货币超发，我们可以对比一下中国和美国的货币

发行状况。

据《中国统计年鉴》和美国国家统计局资料，2012 年年底，中国的 GDP 为 519322 亿元，美国为 156760 亿美元。2012 年年底，中国的 M_2 总量为 97.42 万亿元，而美国的 M_2 折合人民币为 64.71 万亿元。不过，特别需要指出的是，我国全部的 M_2 总量，也就是 97.42 万亿元，都在境内流通。而美元是世界货币，只有 40% 在国内流通，其他 60% 是在国外流通。所以实际流通的货币，中国是美国的 3.5 倍还要多！而折合到单位 GDP，则中国的 M_2/GDP 为美国的 7 倍！真是不比不知道，一比吓一跳！即便中国的经济转型需要货币化，但需要这么多的货币来支持货币化吗？

货币超发给经济和社会发展带来的负面影响包括，引起通货膨胀、导致严重的资产泡沫、恶化收入分配扩大贫富差距、挫伤社会各阶层的劳动积极性和创造性、损害政府信用等。

既然货币超发会带来这么多的负面效应，为什么中国的货币还会在长时间里保持超发状态呢？难道中国的决策者们不知道货币超发所可能引起的严重后果吗？

有的学者认为中国 M_2 偏高是经济货币化和金融化造成的。在从计划经济转轨到市场经济中，商品需要货币化，此过程会需要远远超出 GDP 总量的货币。而 1998 年房改启动，则开启了中国资产货币化的进程，同时启动了土地的货币化进程。例如住房市场开放后，需要大量货币；中国债市，主要是金融债有近 30 万亿，中国股市也需要大量资金，股市市值与 GDP 差不多。

有人认为是中国汇率制度惹的祸。中国是一个外汇管制国家，按规定企业在外管局核定的外汇保留额度之上的外汇必须卖给国家，企业需要用汇必须向国家购买。比如说，如果美元兑人民币的汇价是1：8，此时，中国的外汇储备每多 1 美元，就迫使央行释放出 8 元人民币的基础货币（即 M_0）。如果中国一年的外汇储备增加 2000 亿美元，就会迫使央行发行 1.6 万亿的巨额基础货币，经过货币乘数的放大作用，这 1.6 万亿基础货币将放大为 5 万亿以上（即 M_2 增加 5 万亿以上）。即便央行采取一些反向操作，回笼一部分基础货币，但也无力回笼如此巨大的数量。

有人认为是金融改革的副产品。为了改革金融系统，央行实际投放了大量的基础货币。2003 年，中央汇金公司正式向中国银行和建设银行各注资 225 亿美元，拉开了新一轮银行改革。这两家银行拿了 450 亿美元以后转手向国家结汇，等于人民银行直接投放了 $450 \times 8 = 3600$ 亿人民币的基础货币。此外，为了处理这两家银行的不良资产（次级和损失类贷款），四大资产管理公司从两家银行购买了本金大约"1289 亿（建设银行）+1500 亿（中国银行）= 2789 亿"的不良资产，央行按照贷款本金 50% 发行专项票据约 1400 亿协助银行处理不良资产。此外，央行发行票据 210 亿元偿付建设银行因托管一家信托投资公司产生的代垫款项，发行 181 亿票据置换中国银行的一些特殊资产。而后来的工商银行、农业银行、城市商业银行和农村信用社的改革同样遵循此逻辑展开。也就是说，为了国家的金融改革，央行实际上大概发行了约 2 万亿的基础货币。

在我看来 M_2 偏高是权力失衡所致。

第一，货币的发行权掌握在中央决策层和央行手中，央行是货币的供给方。在由计划经济向市场经济转轨进程中，商品和资产的货币化只是产生对货币的需求，是作为需求的一方而存在的。基本货币化会对央行产生一种需求压力，在某种程度上使央行释放出货币。然而，其一，是否真正发行货币、发行多少货币却是由央行决定的。其二，商品和资产的货币化，恰恰犹如一个蓄水池，会吸容大量由央行释放出来的货币洪水。为推动经济增长，使 GDP 维持在一个较高的增长水平，决策者只好通过宽松的货币政策来刺激投资和支付改革的

巨大成本。而权力失衡，则赋予了决策者控制货币政策的权力和自由。

第二，从国民收入恒等式中可以看出，一国外汇储备是否增加取决于其产出与内需之间的差额，如果产出大于需求，就会导致出口和外汇流入。而需求则取决于一国的收入分配状况，收入分配失衡就会导致经济失衡，进而影响到对外贸易和投资的均衡。而收入分配又取决于权力结构，如果权力结构失衡，则收入分配必然失衡。同时，外汇占款还与中国的汇率制度息息相关。长期以来，中国都坚守固定汇率制度、搞外汇管制。

第三，金融改革为什么要国家来埋单呢？这也是由中国的权力结构所决定的。计划经济时期，中国除了一个中央银行外，几乎没有其他的金融机构。20 世纪 80 年代开始设立各种经营性银行，这些银行主要是国有银行，以服务于国有企业和各级政府为主。正是因为国有企业的大面积亏损和国有银行不得不承担的政策性贷款，加之国有银行本身的经营不善，使其背负了巨额的负债。如此巨额的负债从某种程度上挟持了中国经济，一旦国有银行发生支付危机，中国经济之船就会在风雨中飘摇动荡。为此，国家不得不为国有银行支付巨额的改革成本，从而释放出巨额的基础货币。

第四，中国货币超发的另一个重要原因是来自地方政府和国有企业的倒逼效应。在我国，由于政治上的晋升制度和财政上的分税制度，迫使地方政府不得不为做大 GDP 而努力。而且，由于改革的不到位，国有企业的预算约束软化状况并没有得到根本改观，因此，它们总是和地方政府的行政力量相融合，在货币资金获取上向国有银行不断施加压力。国有银行在对国有企业实行所谓倾斜政策的大背景下，通常总是要在一定程度对国有企业的借款要求让步。当这种现象普遍化时，就会出现这样的结果：地方政府向属地国有企业施压，要求其更快发展和承担政策性任务；国有企业向国有银行的基层行施加压力，突破了基层银行的信贷配额防线，国有银行的基层行又层层向自己的上级行乃至总行提出扩张要求迫使总行增加额度甚至资金，各国有银行总行最后又向中央银行申请再贷款，迫使中央银行不得不扩张规模。这种起源于国有企业借款要求的自下而上的货币供给扩张过程，就是所谓的"倒逼机制"。而倒逼效应之所以会出现，也与地方政府和国有企业独特的政治地位和权力紧密相连。如果没有权力结构的支撑，这种"倒逼机制"是无法形成的。

由此，我们看出，央行缺乏独立性、外汇管制和对外经济失衡、国有金融机构、国有企业和地方政府"倒逼机制"的生成都会导致 M_2 偏高，而这些因素都是中国权力失衡的产物！因此，要解决此问题，最根本的还在于解决中国的权力失衡问题。

49. "温和刺激"的无须出台

2013 年以来，由于经济增长的下滑、市场上资金面的趋紧、企业盈利的孱弱和股市的疲软，有关推出刺激政策以"救市"的呼声此起彼伏，一波接一波。尤其是在李克强总理提出要确保"经济增长率、就业水平等不滑出'下限'，物价涨幅等不超出'上限'"这两大"界限"之后，市场上有关中国会出台温和刺激政策的猜想就愈来愈盛。

然而，中国真的需要出台温和刺激政策吗？

在我看来，答案是否定的！

其一，中国当前的经济运行态势比较稳定。主要表现为：一是中国当前的 GDP 增长率在政策目标（7.5%）范围之内。从十八大至今，实体经济增速虽然有所放缓，但相比中央制定的目标仍有一定距

离。而且，从全年来看，如果不出现大的逆转，基本可以确保实现年初目标。二是中国当前的 GDP 增长率与潜在的 GDP 产出相一致。由于人口红利的消减、经济增长阶段的变化等原因，中国的潜在增长率已从过去的 9%—10% 下降到 7%—8%。而当前的经济正好在这个区间运行。这代表中国的 GDP 增长质量不低。三是就业方面总体上形势也相当稳定。根据人社部公布的数据，2013 年一季度城镇新增就业 342 万人，好于 2011 年和 2012 年同期的 303 万人和 332 万人，而且已完成全年就业任务的 1/3。四是经理人采购指数（PMI）也比较稳定。虽然，这两年来，中国的 PMI 有所波动，但总体来看波动的区际比较小，一直是在 50 左右（见下表）。这表明，市场对未来的预期相对稳定。

中国的经理人采购指数（PMI）在近一年的波动情况

月份	制造业		非制造业	
	指数	同比增长（%）	指数	同比增长（%）
2013 年 6 月份	50.1	−0.70	53.9	−0.40
2013 年 5 月份	50.8	0.20	54.3	−0.20
2013 年 4 月份	50.6	−0.30	54.5	−1.10
2013 年 3 月份	50.9	0.80	55.6	1.10
2013 年 2 月份	50.1	−0.30	54.5	−1.70
2013 年 1 月份	50.4	−0.20	56.2	0.10
2012 年 12 月份	50.6	——	56.1	0.50
2012 年 11 月份	50.6	0.40	55.6	0.10
2012 年 10 月份	50.2	0.40	55.5	1.80
2012 年 9 月份	49.8	0.60	53.7	−2.60
2012 年 8 月份	49.2	−0.90	56.3	0.70
2012 年 7 月份	50.1	−0.10	55.6	−1.10
2012 年 6 月份	50.2	−0.20	56.7	1.50

其二，中国经济面临的主要问题是结构失衡和房地产泡沫问题。

在我国现有制度安排下，无论是信贷资金的主要供给者——商业银行，还是信贷资金的主要需求者——地方政府、非金融国企和房地产企业，都不是其债务的最终承担者，而真正的承担者是中央政府和全体公民。也就是说，它们面临的都是债务软约束问题。

在债务软约束下，这四大主体的合力，会产生以下结果：一是产能严重过剩。研究表明，地方政府对 GDP 和国企对经营规模的追求是产能过剩的主要原因。二是经济过度虚拟化。目前我国银行 130 多万亿的资产中只有 64 万亿的信贷资产，其他都是债券、央票、同业拆借、同业存款等，使得实体经济对货币信贷的需求被虚拟化的房地产、金融衍生产品、艺术品炒作等严重挤占。三是货币信贷资金使用效率低。四是房地产泡沫。在高财务杠杆和地方政府土地财政的激励下，房价的上涨就成为一种必然。而当人们普通预期房价会上涨时，房地产的泡沫化就有了强劲的需求动力。

进一步地，可以发现，引发债务软约束的原因有三：一是国企改革的不彻底。包括商业银行在内的国企，并未真正实现政企分开，它们并不是债务的最终承担者。二是没有将地方政府塑造成一个独立的债务承担者。由于财权与事权划分上的不对称、民众缺乏有力举措来约束地方官员和基于 GDP 的晋升锦标赛机制，地方政府一方面无法成为一个真正的债务承担者，另一方面却是在竞争的压力下，不得不大量举债来发展经济。三是房地产企业的高财务杠杆。中国的商品房预售、土地质押等制度使房企可以低成本享受高杠杆。

而就经济学的基本原理来讲，解决结构失衡问题，更需要的是财税、金融、产业、激励制度等方面的改革，需要的是微观和中观经济层面的、正确的激励政策和制度，而宏观经济政策于解决结构失衡问题助力不大；要化解房地产泡沫，更需要的是土地、财务杠杆、财税等方面的改革和紧缩的货币政策。因此，温和刺激政策解决不了结构问题，更无益于房地产泡沫的化解。

其三，在中国转方式、调结构、去杠杆和促改革的关键时期，轻易地出台温和刺激政策将带来以下巨大危害：

一是使承诺不可信，再回到原来的增长方式上。一项政策要发挥其效力，必须建立在改变人们的预期上。只有当人们形成稳定的预期，普遍预期采用以前的增长方式会付出巨大的代价，而改变原有行为方式就能获得经济上的和政治上的较大好处时，人们才会主动选择去转方式、调结构、去杠杆化。然而，稳定的预期需要建立在可置信的承诺上。而政策就是一种承诺！如果政策本身变来变去，朝令夕改，毫无稳定性而言，那不仅会造成人们行为方式的混乱，更严重的是，会导致人们不相信政策。

二是转嫁危机，使债务负担和资产泡沫化进一步加剧。过去几年，在债务软约束和高杠杆之下，中国积累了巨大的地方政府债务、企业债务和房地产泡沫。就地方政府债务来说，据国家审计署发布的数据显示，截至 2013 年 6 月底，地方政府债务总额高达 10.88 万亿元，此外还有 2.67 万亿元负有担保责任的债务和 4.34 万亿元可能承担救助责任的债务，总计 17.89 万亿元。而且许多地方政府实际上已面临入不敷出的巨大压力。而就企业债来说，总和也接近 GDP 的 200%。房地产泡沫呢？毋庸置疑，是很大的。要解决这些问题，最重要的是推进改革、破除债务软约束、采取紧缩措施以去杠杆化和化解房地产泡沫。如果再采取温和的刺激政策，那结果只能是使债务负担和资产泡沫化进一步加剧，危机被放大并被转嫁给未来。

三是扭曲经济增长的正常轨迹，导致经济波动加剧。一般来说，每个国家在不同时期，都有个潜在的 GDP 增长率区间。如果实际 GDP 低于潜在 GDP，则表明该国的要素未得到充分有效的利用，存在着制度和政策的改进空间；如果实际 GDP 高于潜在 GDP，则表明经济过热，有着通货膨胀和资产泡沫化的压力；而如果实际 GDP 在潜在增长率的区间内运行，则表明该国经济具有较大的可持续性和有效性。目前，中国的潜在增长率已下降到 7%—8%。也就是说，7%—8%是中国经济增长的最适宜区域。如果我们硬要通过政策刺激来把 GDP 增速人为拉高到8%以上——超出潜在增长率，那么，这将改变我国经济的正常运行轨迹，导致其在未来的波动性加剧。

其四，一场可控危机有多方面的好处。虽然一场可控危机（或曰增长硬着陆）在短期内会造成一定的困难，但就长期经济增长来说，却是走向可持续发展的必经之路。原因在于：

一是一场可控危机是经济周期的正常表现。经济是有周期的。有高涨期，也有低潮期。而从全世界各国经济的实际运行来看，也都体现出周期性特征。所以，对某些阶段的经济下滑，我们没有必要太过于紧张，以至于一看到有危机的苗头，就匆匆推出各种刺激性政策，想人为地消除经济的周期性波动。

二是一场可控性危机是促进优胜劣汰和提高经济质量的需要。通常而言，经济繁荣时，企业普遍都能盈利，不仅好企业能存活，而且差企业也能存活，此时，市场的优胜劣汰功能会被掩盖起来。但一旦经济下滑，步入危机，谁在"裸泳"就一目了然了——此时那些好企业还能存活，而那些差企业则会破产被淘汰出局。此外，通常的规律是，经济上行时，好项目坏项目都可能上马。经济下行时就可以把那些质量不太高的投资项目挤出去，同时也能提高下一轮投资、信贷决策的质量。因此，一场可控性危机，就是一个"创造性毁灭"过程，它能促进企业优胜劣汰和促进人们去发掘好的投资项目，从而提高经济增长的质量。

三是一场可控性危机是转方式、调结构和去杠杆的可置信承诺机制。前面我们论证到，如果在危机时轻言"救市"，人们就会延续其过去的行为方式，没有压力，也没有动力去改变。而一场可控性危机是一种可置信承诺机制，会改变人们的预期，使人们在"钱荒"面前反思过去的发展模式，并从中寻找新的发展道路。因为，如果他们

不改变，就只有一种结局——破产或死亡！在此约束下，人们只能学会改变。这一点，在中国尤其具有现实意义！中国经济要转型，要升级，要避免走向虚拟化、泡沫化和信贷资金空转化，就必须得承受某些企业、某些地方政府破产的代价，就得承受短期内经济增长下滑和失业增加的痛楚，以短期的阵痛来换取长期的健康和可持续发展。

所以，在中国经济发展和全面改革的关键阶段，在中国转方式、调结构和去杠杆化的关键时期，我们一定要重新审视过去的宏观经济政策，不能再轻言"救市"；而且，从中国经济的基本面和长期可持续发展来说，当前也无须推出温和刺激政策。因此，中央决策部门，一定要避免被挟持和被迷惑，要坚定不移地推行稳健的宏观经济政策。如果做不到这一点，不仅中国经济潜藏的危机会进一步放大，而且，中央关于调结构、促转型的承诺也将变得不可信！

希望决策者三思，也希望决策者坚定中国经济要转型的信心！

$50.$ "中国式春节"的环境代价

辞旧迎新。春节是每个中国人最大的节日。然而，就多数中国人而言，在这雾霾沉沉的神州大地上，现在的春节其实过得有些压抑和低沉。中国当前的环境，更需要一个节俭、"两型"（资源节约、环境友好）的春节，而不是一个家家大鱼大肉、处处硝烟弥漫的春节。然而，根据我的观察和调查，即便一些城市（比如说北京、福州等）的烟花爆竹销售量下降了不少（其中北京下降了37%，福州下降了两成多），中国式春节的环境代价依然巨大。

为说明中国式春节的环境代价，我将从几个方面进行分析和测算。

其一，烟花爆竹的燃放代价。2008年，中国的烟花爆竹销售额为250亿元，其中60%销往国内！也就是说，2008年，中国消费了150多亿元的烟花爆竹！随着经济的发展，这个数值在2013年应该更大。春节期间（从农历12月15日到第二年的元宵节）所消费的比重应该在50%以上，也就是说，中国人过一个春节，所消费的烟花爆竹，价值或将超过100亿元。

不用多说，大家都知道烟花爆竹里面含有多种对人体和环境污染伤害极大的物质。燃放中会释放出大量的一氧化碳、二氧化硫、氨氮化合物和各种金属、非金属氧化物和大量的烟尘颗粒。短短的一个春节，所燃放的超过100亿元的烟花爆竹对于中国这个业已雾霭沉沉的国度来说，实在是不堪承受之重呀！

其二，人口迁徙的环境代价。每个春节，都是一次人口大迁徙。据报道，2013年，春节期间，中国有34.07亿人次出行。如果以人均出行距离100公里计算，将达到3400亿公里的总里程。考虑到规模效应（即一台车可能有2个人或以上的人搭乘）和不同交通工具的油耗量，我们以每人每100公里消耗5升石油作为计算的基础，将至少消耗石油0.17亿吨。此外，在出行途中造成的灰尘污染、食品污染、噪声污染和垃圾污染，对于中国的脆弱的环境来说，也是一个沉重的负担。

其三，食品浪费的环境代价。据报道，中国一年浪费的粮食（包括大米、麦类、肉类、水果、蔬菜等在内）在500亿公斤左右。对于中国人来说，春节是个大吃大喝的节日，是个招待客人的节日。因此，这个时节所浪费的粮食无疑是平常月份的数倍。另外，据我的观察，即便我的父母都是节俭之人，春节期间，我家浪费的粮食（包括剩饭、剩菜、水果、蔬菜等）每天都在1公斤左右，春节一个月则要浪费约30公斤。而全国约有4亿个家庭，因此，春节期间，家庭浪费的粮食则高达120亿公斤。如果加上酒楼、饭馆的粮食浪

费，将超过 150 亿公斤。这些浪费的粮食，也会从多个方面和多个环节污染环境，加剧我国的环境污染状况。

其四，礼品往来迎送的环境代价。中国人讲究礼尚往来，在春节期间，尤其注重礼品的送来送往。据中国日报网 2013 年 7 月 11 日《2013—2017 年中国礼品行业市场前瞻与投资战略规划分析报告》，2011 年，全国礼品市场的年销售额约为 13000 亿人民币。春节期间的礼品销售额应该占全年销售额的 20%—30%，即 2600 亿—3900 亿元左右。而礼品价值中，一般来说，包装袋的价值占礼品价值的比例超过 20%。如此价值高达数千亿元的包装，虽然一部分会得到回收，但相当一部分被抛弃到大自然，任其腐烂。这对于已经千疮百孔的中国环境来说，不能不说是一种雪上加霜。

其五，祭祀的环境代价。中国是个注重祭祀的国家。春节期间，立春、农历二十三晚上送灶神、二十四过小年、除夕夜、大年初一烧第一炷香、元宵节都得进行祭祀活动。而每次祭祀，都免不了烧纸钱、烧香和放鞭炮。就我在农村的观察和调查，在我老家所在的村庄，为这些祭祀拜神活动，每家所需烧的纸钱不低于 1 公斤，烧的香也在 1 斤左右。城市里进行类似的活动相对较少。如果以每个农村家庭在春节期间为祭祀拜神所烧的纸钱为 0.5 公斤作为平均值，就中国来说，超过 1.5 亿个农村家庭所消耗的纸钱将超过 0.75 亿公斤，加上城市和寺庙等地的消费，将超过 1 亿公斤！试想，1 亿千克的纸钱，需要砍伐多少棵树呢？

鉴于中国当前的环境形势，鉴于人类的可持续发展和后代子孙的幸福，我在此呼吁，有必要改变中国式春节的过节形式，包括：少放甚至是不放烟花爆竹，加快城市化、减少人口迁徙，珍视粮食、减少宴请、厉行节约，减少亲朋好友之间的礼品迎来送往，从而以更少的环境代价来获取更大的节日快乐和安定祥和。

后 记

读博士期间，我就养成了一个习惯，每天写点东西。开始是为了记录一些自己读书和思考的心得，并没有想去发表或出版。偶然一天，被几个同学发现了，他们读后，觉得不错，就怂恿我去投稿。于是，一些经济学散文和随笔，就陆续发表在《经济学消息报》、《经济学家茶座》、《中国经济观察》等刊物，并得到了读者的喜爱。而在2012年，我把一篇文章投给时任《学习时报》副编审的邓聿文先生，他看后，觉得不错，就转给了财经网，财经网发表了该文。财经网负责评论版的陈君女士觉得我有些独特的观点和思想，而且文笔也不错，就邀我给其供稿。自此一发不可收拾，在过去的两年里，我陆陆续续给财经网写了五六十篇评论文，这些文章中的许多篇被人民网、光明网、凤凰网、新浪、搜狐、腾讯网、网易、共识网、新加坡联合早报网等多家网站转载，得到了读者的好评，产生了一些影响。此后，《东方早报》、新浪网、搜狐网等也邀我写专栏。2014年，一些同事劝我把以往的随笔和故事性比较强的时评文章摘录出来，集结成一本书。于是，就有了《看故事学经济》的问世。我想，《看故事学经济》一书得以出版，离不开那些欣赏并发表我文章的刊物、网站的支持，在此，对发表拙文的刊物、网站及其编辑先生、女士深表感谢！

本书在写作过程中，还得到了家人、领导、同事、师生、朋友、同学的诸多鼓励和帮助。其中，父母、岳父母辛劳了大半辈子，兄弟

姐妹也为我们付出了很多很多。我美丽的妻子，给了我温馨、深爱和幸福。儿子呢，则带给了我无比的快乐和内心纯净。在我求学的过程中，得到了许多老师的恩惠，尤其是我的博士生导师王玉霞、我的硕士导师朱淑枝、我的大学老师湛新、我的高中老师唐小舟唐长玉伉俪、我的高中班主任杨绪军老师、我的初中班主任刘格林老师……正是他们，引导我走进了知识的海洋，从农村走进了城市，并学会了独立思考。在我成长过程中，也得到了许多领导、朋友、同事和同学的关照和帮助。株洲市长毛腾飞、湖南省知识产权局副局长刘中杰、湘潭市岳塘区委书记孙银生、湖南科技大学刘友金副校长和向国成院长，以及著名经济学家张五常、黄有光、茅于轼、汪丁丁、韦森、向松祚、李佐军、谢作诗、朱锡庆和著名社会学家于建嵘等前辈给了我许多帮助和指导；我在戚墅堰机车车辆研究所、怀化学院、中改院和湖南科技大学等地共事过的同事也给了我许多包容和关照；我曾经的同学，更是和我一起走过了懵懂少年和青春，一起分享了生活中的欢笑和泪水；我的许多朋友，他们的爱和关心亦是我生命得以绚丽的、不可或缺的元素。我的学生，则是我创作的动力源泉，我想为他们增长知识、启迪智慧、作育人格、理解社会贡献一点点微薄之力。

我还要特别感谢人民出版社的郑海燕副主任、《比较》杂志社的吴素萍主编以及为本书进行校对、装帧设计和美化的编辑！没有她们的慧眼识珠和热情而悉心的工作，本书也不会如此快就得以出版。

唐志军

2014 年 10 月 10 日于湘潭"三真堂"

194

策划编辑:郑海燕
封面设计:吴燕妮
版式设计:安宏川
责任校对:吕　飞

图书在版编目(CIP)数据

看故事学经济/唐志军　谌　莹 著. -北京:人民出版社,2015.2
ISBN 978－7－01－014216－6

Ⅰ.①看…　Ⅱ.①唐…②谌…　Ⅲ.①经济学-通俗读物　Ⅳ.①F0－49

中国版本图书馆 CIP 数据核字(2014)第 278136 号

看故事学经济

KAN GUSHI XUE JINGJI

唐志军　谌　莹　著

人民出版社 出版发行
(100706　北京市东城区隆福寺街 99 号)

北京汇林印务有限公司印刷　新华书店经销

2015 年 2 月第 1 版　2015 年 2 月北京第 1 次印刷
开本:710 毫米×1000 毫米 1/16　印张:12.75
字数:165 千字　印数:0,001-8,000 册

ISBN 978－7－01－014216－6　定价:39.00 元

邮购地址 100706　北京市东城区隆福寺街 99 号
人民东方图书销售中心　电话 (010)65250042　65289539